MOHAMED KOUKI

TUNESISCHE GASTRONOMIE

Mit Empf[illegible] Verfassers

[illegible]

Nahmen Teil an diesem Buch

Übersetzung aus dem französischen :	**Giesela HADJAR**
Gesamtherstellung :	**Compo Service M5**
Farbenauswahl :	**Afric Scanner** **Graphi Center**
Fotografien :	**Ben Chadli Jouhir** **Abdelaziz el Frikha** **Younès Bouchiba** **Nafati Mohamed Ali** **Mourad Mohamed**
Entwurf :	**S'fair**
Druck :	**Imprimerie SIEC**
Zeichnungen :	**Zoubeir Turki**
Einband	**SIPAC**
Rezepte hauptsächlich realisiert im :	**Restaurant M'Rabet** **Hôtel Continental - Tunis** **Bäckerei/Konditorei Ben Yedder** **unter der Aufsicht des Verfassers**

VORWORT

Die Tunesische Küche ist mit der Zeit für die Feinschmecker eine touristiche Motivierung geworden. Natürlich kommt man nach Tunesien für die Sonne und Strände, um Jerba und die Oason zu sehen, um die Suks, Karthago, Sidi Bou Said zu besichtigen. Aber man kommt auch um einen originalen Couscous mit Lamm oder Goldbrasse zu essen, einen Mechoui unter einem Zelt zu organisieren, eine «komplette Fischplatte» zu probieren, eine Tajine zu schätzen, die berühmten Brik mi Ei die es nirgendwo anders gibt, zu kosten, ohne von den regionalen Spezialitäten zu sprechen wie Lamm im Tonkrug, die köstlichen «Ftat bil knaf» (gefüllte Crepes) und den Borzgane aus Béja und Le Kef aufwendiges und prachtvolles Gricht usw... das ich in diesem Buch erwähne.

Unsere gastronomischen Spezialitäten sind seht vielseitig, zahlreich, köstlich und raffiniert. Sie sind vor allem original und unterscheiden sich total von den anderen Ländern, auch von unseren Nachbarländern. Tunesische Spezialitäten haben schon mehrere Europäische Hauptstädte erobert und befinden sich auf den Speisekarten erlesener Restaurants.

Dieses Buch ist eine verkürzte Ausgabe der tunesichen Gastronomie, aktualisiert, illustriert und aus dem französischen für unsere deutschen Gäste über setzt. Wie jede Kurzfassung enthält dieses Buchden Grundbestand in diesem Bereich mit einen fast vollkommenen Überblick der typischen Tunesischen Küche. Wir haben es vermieden dieses Buch im Telegrafenstil zu schreiben, aber doch in klarer Weise präzise und mit genügenden Einzelheiten, sodass ein Laie der Kockkunst mit sicherer Hand das Gericht gelingt. Wir raten den Anfängern zuerst die einfachen Spiesen auszuprobieren.

Das Kochbuch beginnt mit dem Inhaltsverzeichnis wo die verschiedenen Kapitel aufgeführt sind und endet mit dem Register nach Alphabet der Rezepte. Ein Kapitel ist den Gewürzen, Kräutern und Geworzmischungen gewidmet. Die Grundbegriffe der Kochtechnik sind deutlich in einen anderen Kapitel erklärt. Bitte nachschlagen falls Sie über ein unbekanntes Wort stolpern.

Die Rezepte der Alltagsküche sind in der Regel für vier Personen bestimmt, der Kalorien- und Ernährungswert ist mit Genauigkeit in unserer Erstausgabe angegeben. Die Mengenangaben für jedes Rezept sind als Bruttogewicht zu verstehen «wie gekauft», das heisst ohne den Abfall.

Eine letzte Empfehlung : folgen Sie so genau wie möglich den Anleitungen der Rezepte, das ist die Kondition jedem Gericht seine eigenen schmackvollen Qualitäten zu geben und Eigenart zu bewahren.

Wir hoffen, das dieses Kochbuch den Urlaubern jenseits vom Rhein gefällt und die feinschmecker unter ihnen diese Buch vielleicht als Souvenir aus Tunesien mitnehmen, um zu Hause in Ruhe bestimmte Aspekte der tunesischen Gastronomie besser kennen zulernen und Gerichte die Sie während Ihres Aufenthaltes in unserem Land probiert und geschätzt haben nach zu kochen.

Der Verfasser
KOUKI MOHAMED

INHALTSVERZEICHNIS

Kulinarische Begriffe

Abbeeren : Die Weintrauben abbeeren und entkörnen.

Abflachung : Einen Teig mit dem Nudelholz flach rollen.

Abklären : Eine Flüssigkeit solange wie nötig ruhen lassen, um den Substanzen die darin weichen zu erlauben sich entweder an der Oberfläche oder auf dem Behälterboden abzusetzen. Je nach Anleitung des Rezeptes weiter verwenden.

ablöschen : Eine Creme oder auch Bratensatz nach und nach unter ständigem Rühren mit wenig Flüssigkeit aufgiessen und glattrühren.

abschäumen : Eine Flüssigkeit ruhen lassen und dann abschäumen, wie z.B. Brühe. Den Vorgang mit einen Schaumlöffel durchführen.

abschrecken : Nahrungsmittel, nach dem Kochen, kurz mit kaltem Wasser übergiessen.

abschuppen : Mit dem Messerrücken die Schuppen vom Fisch abstreifen oder mit einem dafür bestimmten Gerät.

absengen : Nach dem Rupfen, das Geflügel absengen um eventuelle Federreste zu beseitigen. Kopf-oder Lammfüsse werden ebenfalls abgesengt.

abtropfen : Ein Nahrungsmittel, nach dem Kochen oder Waschen in einem Sieb abtropfen lassen. Auch in Fettgebackenes abtropfen lassen.

abziehen : Haut von Mandeln, Nüssen, Haselnüssen, Pistazien, Arachiden usw. abziehen, nachdem man sie gegrillt oder in heissem Wasser getaucht hat.

anbraten : Fleisch, Geflügel usw. stark anbraten, sodass sich eine Kruste bildet die den Fleischsaft zurückhält.

anrichten : Die Nahrungsmittel geschmackvoll garnieren.

Aromate : Pflanzliche Substanzen mit durchdringendem und angenehmen Geruch, die den Geschmack der Speisen verfeinern wie : Lorbeerblätter, Zimt, Vanille...

auffüllen : Eine Speise mit Flüssigkeit bedecken z.B. Wasser, Milch, Brühe usw. je nach den Rezeptanleitungen.

aufgehen : z.B. Hefeteig hochgehen lassen.

aufkochen : Eine Flüssigkeit zum Aufkochen bringen. Wasser kocht bei 100° Celsius und behält die gleiche Temperatur während des gesamten Kochvorganges. Stellt man die Flamme grösser, werden die Wasserbläschen grösser und die Verdampfung vollzieht sich schneller aber die Temperatur bleibt die gleiche.

auflösen : Ein Nahrungsmittel in Wasser, Milch, Oel, Brühe usw. auflösen.

aufspiessen : Ein Lamm, Wildbret oder Geflügel der Länge nach mit dem Bratspiess durchstechen, oder Fleisch und Innereien auf Spiesse stecken bevor es gegrillt oder gebraten wird.

ausbacken : Backgut in heissem Fett ausbacken.

ausbeinen : Herauslösen der Knochen bei Fleisch, Geflügel oder Wild.

ausdöpsen : Erbsen, Bohnen oder Saubohnen ausdöpsen.

auskochen : Eine Substanz solange kochen lassen, z.B. Knochen, Fleisch in einer Brühe.

auslegen : Die Seiten und den Boden einer Form mit einer feinen Schicht Teig auslegen. Eine feuerfeste Form mit Butter einfetten und Fisch, Fleisch oder Geflügel im Ofen darin überbacken.

auspressen : Die Flüssigkeit der Nahrungsmittel durch ein Sieb oder Seihe auffangen.

ausradeln : Die Teigränder mit den Fingern, Messer oder mit einem Kuchenrad abtrennen.

ausrollen : Teig wird entweder mit dem Nudelholz ausgerollt, oder in mehr oder weniger dicke Fladen ausgezogen. Die Fladen sind vor allem für die Malsouqua (Brik), Baqualawa und Nudeln bestimmt.

ausstechen : Kleingebäck mit Förmchen ausstechen.

bearbeiten : Eine Mischung kneten oder mit dem Schneebesen, Löffel, Holzlöffel oder sonstigem Gegenstand schlagen.

bedecken : (gerade...) ein Nahrungsmittel mit Wasser bedecken, nur eben soviel wie für die Kochzeit benötigt wird.

Beize : Eine Flüssigkeit der man Aromate und Gewürze zufügt um ein Nahrungsmittel, Fleisch, Fisch, Wild usw. entweder weich zu machen, den Geschmack der Beize annehmen lässt oder als Konservierungsmittel benutzt.

beträufeln : Bestimmte Gemüse wie Artischocken werden mit Zitronensaft betraüfelt damit sie nicht schwarz werden, oder den Saft einer Zitrone während der Kochzeit zufügen um das Vitamin C zu erhalten.

bestäuben : Nahrungsmittel mit Mehl, oder Mehl und verquirlten Eiern panieren und dann braten. Den Teig mit Mehl bestäuben, er lässt sich leichter ausrollen. Auch auf dem Holzbrett oder der Marmorplatte Mehl streuen wenn der Teig dort ausgerollt werden sollte.

bestreichen : Brot oder Gebäck bzw. Kuchen vor dem Backen mit Eigelb bestreichen.

binden : Suppen, Sossen und Gemüsegerichte durch Zugabe von Mehl, Speisestärke oder Eigelb sämig machen. Die Füllungen mit Fleisch oder Geflügel werden ebenfalls mit ganzen Eiern oder auch nur Eigelb zubereitet damit die Zutaten beim Kochen nicht auseinanderfallen.

blanchieren : Nahrungsmittel kurz in kochendem Wasser überbrühen, bestimmte Gemüse oder Geflügel um es leichter zu rupfen.

braten : Fleisch, Fisch, Geflügel entweder im heissen Fett oder im Backofen braten.

brodeln : Flüssigkeit steht kurz vor dem Aufwallen.

Brotkrusten : Brot in Würfel gschnitten und in Butter oder Oel geschwenkt, siehe Rezepte Suppe mit Lamm und Brotwürfel, Kapitel Potage.

buttern : Mit einer Schicht Butter bestreichen z.B., eine Scheibe Brot oder ein Canape. Eine Form mit Butter einreiben : die Innenseiten buttern damit die Nahrungsmittel nicht kleben bleiben und leicht zu stürzen sind.

Canapes : Nicht zu dicke Brotscheiben, rund, viereckig oder rechteckig geschnitten verwenden, in Essigwasser tauchen, grillen oder braten und nach Belieben belegen. Das klassische Canape der tunesischen Küche ist der «Michwiya», aber die Brothäppchen können auch mit Butter oder einer Harissasosse bestrichen werden und dann mit eingesalzenem Gemüse, in winzige Stücke geschnitten, Thunfisch, Sardellenfilets belegt werden. Die Brothäppchen können ebenfalls mit Käse sowie einer Schicht Aijja oder eine Lage Maquouda oder Tajine belegt werden.

dämpfen : Unter Dampf garen.

dressieren : Geflügel vor dem Braten, Flügel und Keulen festbinden.

düsten : Ein Nahrungsmittel auf kleiner Flamme garen, meistens in einer Sosse : Die meisten tunesischen Ragouts werden so zubereitet.

egalisieren : Die Oberfläche einer Speise vor dem Backen glattstreichen : Kuchen, Tajine, Souffle usw...

Einschnitt : Der Fisch wird mehrmals an den Seiten eingeschnitten damit er nicht beim Garen auseinanderfällt und die Gewürze durch die Öffnungen eindringen können.

einstechen : Mit Hilfe einer Gabel, Nadel oder Messerspitze den Teig einstechen damit er keine Blasen wirft oder frische Wurst (gefüllte Därme) mehrmals einstechen damit sie während der Kochzeit nicht platzt.

einweichen : Ein Nahrungsmittel eine bestimmte Zeit im Wasser weichen wie z.B. Hülsenfrüchte oder grüne Oliven um ihren etwas bitteren Geschmack zu lindern.

entblättern : Die Blätter von einer Pflanze bczw. Sticle abstreifen, Minze usw... oder Artischocken entblättern.

entbinden : Den Faden mit dem die Flügel und Keulen des Geflügel vor dem Braten zusammengebunden worden sind, entfernen.

entfetten : Unnötiges Fett vom Kalb oder Lamm oder sonstigem Fleisch herausschneiden oder die Fettschicht von einer Brühe oder Sosse abschöpfen.

enthäuten : In der Küche hat es folgende Bedeutung :

1) Ein Kaninchen, ein Aal, Lammkopf oder Fischstück enthäuten.

2) Mit der Schöpfkelle die Unreinheiten an der Oberfläche einer Brühe, Suppe oder Potage abnehmen.

entkernen : Gemüse oder Früchte entkernen : Weintrauben, Paprikaschoten, Piments, Tomaten usw...

entrahmen : den ganzen oder halben Milchrahm abheben.

entrinden : Von einer Pflanze, Baum oder Gemüse die Rinde bezwungen Haut abziehen oder schälen (Orangen, Zitronen, Zimt...)

entsteinen : Den Kern aus einer Frucht lösen z.B. Aprikosen, Pfirsiche, oder Oliven entsteinen. Für gefüllte Oliven am besten den Olivenkernentferner benutzen.

Etamine : Feines Stoffstück nicht zu dicht gewebt das zum Filtern oder durchdrücken eines Nahrunsgmittel benutzt wird.

Fadengemüse : Gemüse in Fadengrösse raspeln oder schneiden und als Garnitur oder für bestimmte Potagen verwenden.

Farce : Masse aus zerkleinerten Zutaten bestehend und vor allem als Füllung verwendet.

feinschneiden : Feine Scheiben aus Fleisch, Leber oder sonstiges schneiden Die Gemüse werden in feine Scheiben oder Rondelle geschnitten.

feinwiegen : Blattgemüse wie Mangold, Spinat, Salat usw... feinschneiden.

festbinden : siehe dressieren.

Flossen : Die Fischflossen werden am besten mit der Schere abgeschnitten.

garen : auf schwacher Flamme kochen.

garnieren : Ein Stück Fleisch, Geflügel, Fisch oder sonstiges mit Gemüse umringen. Einen Salat mit Eivierteln Oliven, Sardellenfilets, Thunfisch usw... dekorieren.

Garnitur : Verschiedene Artikel zum Verschönern der Speiseplatte gebrauchen (siehe oben).

garziehen : in viel Flüssigkeit kochen (z.B. Nudeln).

gefüllt : Nahrungsmittel mit Farce füllen wie : ein kleines Lamm, Geflügel, Schnitzel, Kalbs-oder Lammwurst, Teig, Gemüse und so fort..

Gehacktes : Nahrunsgmittel in winzige Stücke zerkleinert.

Glasur : Gebäck mit einer einfachen Karamelglasur oder mit steifem Eischnee gemischt bestreichen.

gemischtes Gemüse : Eine Mischung mehrerer Gemüsesorten, gekocht, gedämpt oder roh, je nach dem Rezept. **Gemischter Obstsalat :** verschiedene Obstsorten in Stücke oder Würfel geschnitten.

geschmeidig : Mehl oder Griesmehl mit Fett vermischen bis ein geschmeidiger Teig entsteht.

Gewürz : eine dem Nahrungsmittel zugesetzte Substanz um den Geschmack einer Speise hervorzuheben, es darf den Eigengeschmack einer Speise aber nicht überdecken.

gratinieren : Fleisch, Fisch oder Gemüse vor dem Backen mit einer feinen Schicht Semmelmehl, Käse oder beides bestreuen damit sich rasch eine Kruste oder Haut bildet.

grobhacken : Ein festes Nahrungsmittel in winzige Stücke zerdrücken oder im Mörser grob zerstossen.

Guss : Oel, Essig oder Zitronensaft : in kleinen Mengen für die Salattunke. Einen Guss Wasser während der Kochzeit zugeben oder aber um den Bratenansatz zu lösen.

Hühnerklein : Die Flügel, den Hals, die Leber oder den Magen vom Huhn auch der Kamm und die Nieren zählen dazu.

kleinhacken : Ein Nahrunsmittel in winzige Stücke wie Fleisch, Hühnerbrust Gemüse usw. mit Hilfe eines scharfen Messers, Hackbeil oder durch den Wolf drehen.

kneten : Den Teig kräftig druchkneten bis er glatt und gleichmässig geworden ist.

Masse : Mischung der Zutaten die für ein Gericht bestimmt sind.

marinieren : Ein Nahrunsgmittel in einer Beize ziehen lassen, je nach den Rezeptvorschriften.

Messerspitze : Kleine Menge Gewürz, nur eben eine Messerspitze.

Nervenstränge : Die Nervenstränge, Knorpel und sonstige ungeniessbare Stellen am Fleisch herausschneiden.

panieren : Fleisch, Fisch oder Geflügel vor dem Ausbacken in Mehl oder Semmelmehl wenden.

passieren : Gekochte Kartoffeln, Gemüse, Obst, dicke Sossen und Suppen durch ein Sieb rühren.

pochieren : In einer siedenen Flüssigkeit garziehen, ohne zu kochen.

pulverisieren : In der Mühle oder im Mörser zu Pulver verarbeiten.

Püree : Zu glattem Brei verarbeiten : Tomaten, Kartoffeln, Auberginen usw...

reduzieren : z.B. : Ragout bei offenem Topf beikochen lassen bis soviel Flüssigkeit verdampft sodass ein kompakte Sosse entsteht.

rösten : In heissem Fett anbraten und bräunen : Fleisch, Geflügel, Fisch usw... dann auffüllen und schmoren.

Roulade : Eine feine Scheibe Fleisch oder Geflügel, ohne Knochen, gefüllt oder ungefüllt, zusammengerollt und mit Fäden umwickelt bevor es gebraten wird.

rühren : Eine Sosse oder Pudding während und nach der Kochzeit ständig umrühren damit sich nach dem Erkalten keine Haut bildet.

Sämig : Eine Suppe, Pudding oder Sosse nach Belieben sämig werden lassen.

säubern : Ein Nahrungsmittel von den ungeniessbaren Stellen befreien.

schälen : Von Früchten oder Gemüse die Schale abtrennen.

schmackvoll : Eine Speise mit Gewürzen verfeinern.

schmoren : In wenig Flüssigkeit garen.

Schnitzel : Feine Scheibe Fleisch, Fisch oder Geflügel.

schwach kochen : sorgfältig kochen.

schwenken : Ein Nahrungsmittel unter ständigem Rühren in Fett garen.

Semmelmehl : getrocknetes altbackenes Brot gerieben und durchgesiebt zum Panieren bestimmter Nahrungsmittel bevor sie gebraten werden.

spicken : Ein Stück Lammnetz oder feine Scheibe Liya um ein Stück Fleisch, Geflügel oder Wild wickeln bevor es gegart wird damit es nicht anbrennt.

Spritzbeutel : wird hauptsächlich für Petit Four und Kleingebäck verwendet.

Süssen : Unter Zugabe von Zucker, Sirup oder Honig ein Getränk, Confiserie oder Gebäck süssen.

Umhüllung : Die Umhüllung bestimmter Schalenfrüchte wie Nüsse, Haselnüsse Mandeln usw entfernen.

überbrühen : ein Nahrungsmittel kurz überbrühen um es leichter zu schälen : Gemüse, Huhn um es besser zu rupfen, Eingeweide usw...

überträufeln : bestimmte Gemüse wie Artischocken mit Zitronensaft überträufeln oder Sosse über Fleisch geben.

überziehen : Eine Speise, Fleisch, Geflügel, Fisch... mit einer dicken Sosse übergiessen oder ein Gebäck, Kuchen mit einer Creme oder Gelee überziehen.

umrühren : DurchUmrührender Speise vermeidet man dass die Zutaten am Topf kleben bleiben.

umwickeln : ein gefülltes Schnitzel mit dem Faden umwickeln. Die Füsse und Keulen eines Geflügel bindet man ebenfalls vor dem Braten.

ungedeckt : Ein Nahrungsmittel in einen Topf oder einer Pfanne ohne Deckel kochen lassen, d. h. sprudelnd kochen wie bei Nudeln oder auf kleiner Flamme um eine dicke Sosse zu erhalten.

verfeinern : den Geschmack einer Speise oder sonstiges Nahrunsmittel durch Zugabe von Gewürzen verfeinern.

verdecken (überdecken) : Eine Speise mit irgendeiner Substanz, Sosse oder Eis bedecken. Oder eine zu würzig geratene Speise überdecken.

verdichten : die Mitte des Couscoustopfes mit Teig verkleben oder mit einem feuchten Tuch umwickeln, damit der Dampf nicht entweichen kann.

verlängern : z.B. eine Sosse oder Brühe mit Wasser verlängern um sie entweder flüssiger werden zu lassen oder um den Salzgeschmack zu verringern.

Vertiefung : in Mehl oder Griesmehl eine Vertiefung machen in der man die übrigen Zutaten gibt und dann den Teig verarbeitet.

verschlagen : mit dem Schneebesen eine oder mehrere Zutaten verschlagen um eine glatte Masse zu erhalten. Eier verschlagen : in einer Schüssel mit dem Schneebesen oder Löffel kräftig schaumig schlagen.

vorbereiten : Geflügel, Fleisch, Fisch vorbereiten Geflügel rupfen, absengen, entleeren und sorgfältig waschen.

Vorteig : Mehl mit Wasser und Salz vermischen und dann die weiteren Zutaten hinzugeben.

Vorspeisen : Rasch zubereitete kalte und geschmackvolle Speisen die hauptsächlich zu Mittag gereicht werden. Vor dem Hauptgericht um den Appetit anzuregen. Manchmal werden sie auch nach der Hauptspeise serviert, vor dem Nachtisch mit dem Ziel die Verdauung zu erleichtern.

Wasserbad : Topf mit kochendem Wasser direkt im Backofen oder sonstiger Wärmequelle geben, dann ein oder mehrere kleinere Töpfe mit Nahrungsmittel gefüllt in den Topf geben und entweder garen, aufwärmen oder sterilisieren.

wälzen : Ein Nahrungsmittel in Mehl, Semmelmehl oder Teig wälzen bevor es ausgebacken wird.

wässern : 1) ein Nahrungsmittel im frischen Wasser wie Fleisch, Geflügel Innereien geben um besser die Unreinheiten zu entfernen, aber vor allem um das Blut abzuziehen.

2) bestimmte Gemüsesorten mit Salz bestreuen wie Gurken, Zucchini Auberginen um sie zu entwässern.

Würfel : kleine Stücke, im allgemeinen kubischer Form.

würzen : mit Tabil, Salz, Pfeffer, Kümmel... würzen.

zerreiben : z.B. die getrockneten Minzblätter werden mit den Handflächen zerrieben.

zerrupfen : Eine Substanz mit den Fingern zerrupfen (Sardellenfilet...)

zerstossen : (zerdrücken) Ein Nahrungsmittel sehr fein oder grob im Mörser zerkleinern.

zugedeckt : In einem Topf mit Deckel garkochen.

zurichten : von einem Nahrungsmittel alle ungeniessbaren Stellen entfernen.

Zutaten : Bestandteile für die Zubereitung einer Speise.

GEWÜRZE, KRÄUTER UND SOSSEN

DIE GEWÜRZE UND KRÄUTER

Backpulver ***Khemira***

Das Backpulver besteht unter anderem aus Sodiumkarbonat oder Ammoniak und ist im Handel als Pulver, granuliert oder als Paste in Dosen erhältlich. Es wird vor allem für Gebäck hausgemacht oder fertig gekauft verwendet.

Basilikum (Ocimum Basilicum) ***Hbaq***

Das Basilikum ist eine aromatische Lippenpflanze, die von den Tunesiern in Blumentöpfen kultiviert wird. Das Kraut ist wegen seines köstlichen und durchdringenden Geruch sehr geschätzt und fast auf jeden Balkon oder Veranda zu finden. Nur die Kenner gebrauchen es als Gewürz. Denn nur einige frische Blätter genügen um einen Salat oder die Tomatensosse für Teigwaren zu parfumieren.

Bittere Orange (Citrus Bigaradia) ***Arinj***

Die bittere Pomeranzen. Der unangenehme Geschmack des Fruchtfleisches macht sie ungeniessbar, im Gegenteil zu der herkömmlichen Orange. Die Tunesier gebrauchen das Fruchtfleisch für den eigenartigen Geschmack den sie den eingelegten weissen Rüben verleiht. (turchi).

Dill (Anethum Gravéolens) ***Chibt***

Der Dill ist eine Doldenpflanze, ähnlich dem Fenchel oder grünen Anis, dessen Blätter und Samen als Gewürz verwendet wird. Die feinen und aromatischen Blätter werden bei bestimmten Speisen mit grünem Gemüse mitgekocht oder aber frisch als Gewürz für eingelegte grüne Oliven gebraucht.

Essig ***Khall***

Der Essig, ein bekanntes flüssiges Gewürz. Man gebraucht ihn unter anderem für Konservierungszwecke wie: Kapern, Gurken, kleine Zwiebeln usw... Er ist die Gewürzbasis für Salattunken, Hargma mit Kalbsfüssen und bestimmte tunesische Ragouts wie: Charmoula, Mithawma, Mdarbal usw...

Geranium (Distilliertes Wasser...) *Aatrchiya*

Es gibt drei verschiedene Geraniumarten, üblicherweise Geranium Rosat genannt und werden hauptsächlich für die Blätter kultiviert deren Essenz sehr von den Parfumherstellern geschätzt wird. Diese Essenz wird durch die Distillation der Blätter gewonnen. Das Oel wird für die Parfümherstellung verwertet und der Wasserrückstand, der noch einen köstlichen Geruch besitzt als Parfum für viele Gebäckarten.

Grüner Anis (Pimpinella anisum) *Habbit Hlawa*

Eine Doldenpflanze die überall in Tunesien wächst. Der Samen dieser Pflanze besitzt einen hocharomatischen Geschmack der sehr beliebt ist. Gleiche Anwendung wie der Sternanis.

Gewürzmischung *Bharat*

Eine typische tunesische Gewürzmischung aus gemahlenen Stangenzimt und Rosenknospenblüten, im allgemeinen je zur Hälfte angewandt. Diese Mischung wird zugleich mit gemahlenen schwarzen Pfeffer verwendet wie z.B. bei: Couscous mit Hammel oder Lammfleisch Goldbrassen mit Couscous, Ragout mit Pflaumen oder getrockneten Maronen, Farce mit Hackfleisch...

Gewürzmischung *Harissa*

Die Basis dieser Gewürzmischung sind die roten und scharfen Piments die in der Sonne getrocknet werden. Sie werden mit Knablauch, Carvi und groben Salz im Mörser zerdrückt. Die Mengen der Zutaten sind im Kapitel der traditionnellen Konserven detailliert angegeben. Das Harissa kann entweder selbst hergestellt oder im Detail bei dem Gewürzhändler oder sonstigem Lebensmittelgeschäft erstanden werden. Es wird auch in Dosen oder Tuben im Handel angeboten.

Das Harissa wird bei vielen tunesichen Gerichten verwendet, die Liste hier aufzuzählen wäre zu lang. Die Verwendung von Harissa ist für bestimmte Speisen einfach erforderlich, für andere wiederum bleibt es dem Geschmack des Einzeln überlassen der von Region zu Region verschieden ist.

Gewürzmischung *Tabil*

Der Tabil ist eine Gewürzmischung bestehend aus gut verlesenen Korianderkörner und Carvikörner, Knoblauch und getrocknete rote Piments geschält und gemahlen oder einfach im Mörser zerstossen.

Der Tabil ist, meines Wissens, ein typisches tunesisches Gewürz und wird für zahlreiche kulinarische Rezepte verwendet, aber hauptsächlich für Gerichte mit Rind- oder Kalbfleisch.

Für die Mengenangaben der Zutaten, siehe Kapitel der Konserven.

Gewürzmischung *Ras il hanout*

Diese bekannte Gewürzkomposition besteht aus Pfeffer, Stangenzimt, Nelken und Rosenknospen, alle diese Gewürze werden gemahlen und durchgesiebt. Das ist die in Tunesien übliche Mischung. Manche geben zusätzlich noch Kubebe und andere Gewürze zu die aber nicht zu der klassischen Form gehören. Der Ras il hanout wird vor allem als Gewürz für Wildbret und auch einige seltene Speisen wie Bnadaq und Mouziya verwendet. Für die Mengenangaben siehe Kapitel der Konserven.

Hefe (frische) *Khemira*

Die frische Hefe vom Bäcker wird hauptsächlich für die Herstellung von Brot aber auch für Speisen wie Nudeln, Suppen... verwendet.

Ingwer (Zingiber officinale) *Skanjbir*

Der Ingwer ist die getrocknete Wurzel einer Staude der Kurkumafamilie. Die getrocknete und pulverisierte Wurzel ergibt ein Gewürz mit delikatem Aroma und leicht pfefferigen Nachgeschmack der dem eines Pfefferminzbonbon ähnlich ist.

Das Gewürz wird wenig in Tunesien gebraucht, ausser für den Sorghobrei, der in den Grossstädten mit gemahlenem Ingwer bestreut angeboten wird.

Kapern (Cappraris spinosa) *Kabbar*

Die Kapern sind die Blütenknospen des stacheligen Kapernstrauches der überall in Tunesien wächst. In eine Essiglösung oder in Salz eingelegte Kapern werden vor allem als Gewürz verwendet bei Ragouts, Kabkabou, Kalbfleisch mit eingesalzenem Gemüseallerlei, Tajine Mirgaz und best immte Suppen wie Sdir, mehreren Vorspeisen wie Michwiya und zwei typische tunesische Speisen : tunesischer Teller und Sandwich mit Thunfisch, die in allen Imbissstuben zu kaufen sind. Siehe Salatrezepte.

Koriander (Coriandrum sativum) *Tabil*

Der Koriander ist eine Doldenpflanze dessen kugelförmige und gelbliche Frucht, nicht grösser als ein Pfefferkorn mit 10 länglichen Einschnitten gekennzeichnet ist. Der frische Koriander hat einen unangenehmen Geschmack, nur wenn er gemahlen ist kommen seine aromatischen Eigenschaften zum Vorschein : den ihm eigenen Geruch, herben Geschmack mit etwas süsslichen Nachgeschmack.

Die frischen Blätter des Korianderstrauches sind in Tunesien unter dem Namen «kozbor» bekannt und werden zusammen mit dem Dill fast ausschliesslich für grünes Gemüse verwendet. Die getrockneten Korianderkörner sind eines der Hauptbestandteile einer bei uns viel genutzten Gewürzmischung dem «Tabil».

Knoblauch (Allium sativum) *Thoum*

Der Knoblauch ist ein Liliengewächs dessen Zwiebel aus Zehen bestehen. Er ist reich an Oelen die ihm den starken, durchdringenden Geruch und den so typischen Geschmack verleihen. Dieser Geschmack macht es zu einem begehrtem Gewürz. Wie Sie später sehen können wird er in diesem Buch bei zahlreichen tunesischen Speisen verwendet, beispielsweise bei : Sossen, Salate, Suppen, Potage, Chackchouckas, Aijjas und bestimmte Ragout mit Fleisch und Innereien. Der Knoblauch wird unter anderem bei den typischen tunesischen Gewürzkompositionen wie Tabil und Harissa angewandt.

Er sollte nicht zu lange gedünstet oder gebraten werden sonst bekommt er einen unangenehmen Geruch.

Kurkuma (Gelbwurz) Curcuma Longa) *Kourkoum*

Der Kurkuma auch «indischer Safran» genannt, wird aus der Wurzel einer Pflanze aus der Ingwerpflanzenfamilie gewonnen. Die Wurzel enthält eine gelbfarbene Substanz, das Curcumine, das dem Kurkuma die aromatischen Eigenschaften verleiht : einen herben und leicht bitteren Geschmack sowie einen dem Ingwer ähnlichen Geruch und entfernt den des Safran. Im Handel als Pulver oder getrocknete Wurzel zu haben.

Das Kurkuma ist ein Surrogat des Safran und wird in der Küche vor allem für die Färbung von Reis, Nudeln und Braten verwendet.

Kubebe (Piper cubeba) *Kabbaba*

Die getrocknete Frucht des Kubebenpfefferstrauchs. Die Früchte haben einen bitteren und scharfen Geschmack ähnlich dem des Pfeffers. Dieses Gewürz wird immer weniger verwendet, ist aber eines der Gewürze die für die nordafrikanische Gewürzkomposition das «Ras il hanout» gebraucht wird.

Kümmel (Cuminum Cyminum) *Kamoun*

Der wirkliche Kümmel ist eine Doldenpflanze die rings um das Mittelmeer wächst, dessen längliche und blassgelbe Früchte auf 5 Seiten mit kurzen Häarchen versehen sind die ihn von den anderen Körnern der gleichen Familie unterscheiden. Der Kümmel besitzt einen nur ihm eigenen Geruch und hat einen unvergleichbaren starken aromatischen Geschmack, mit einem leicht bitteren Nachgeschmack der keineswegs unangenehm ist. Der zerdrückte Kümmel eignet sich vorzüglich als Gewürz für jede Fischart. Er ist ebenfalls unentbehrlich als Gewürz für Saubohnen, - Kichererbsen -, Gries -, oder Graupensuppen sowie für zahlreiche Fleisch - oder Innereiengerichte letzteres ist in Tunesien unter dem Namen «Kammouniya» von Kamoun bekannt die tunesische Bezeichnung für Kümmel.

Lorbeerblätter (Laurus nobilis) *Rand*

Auch Appollolorbeer, Edellorbeer oder Sossenlorbeer genannt. Die Blätter des gewöhnlichen Lorbeerbaumes sind glatt und leicht onduliert, sie haben einen starken aromatischen Geschmack und werden als Gewürz verwendet. Nicht mit den anderen Lorbeerbaumarten zu verwechseln, denn diese sind ungeniessbar und enthalten eine angemessene Portion Blausäure.

Der Sossenlorbeer wird hauptsächlich für ein ganzes gegrilltes Lamm, im Inneren verteilt, den Michwi, oder zwischen die Fleischstücke des Chiche Kebab oder aber mitgekocht bei Schnecken und verschiedenen Ragouts wie «Mloukhiya, Aquods usw... verwendet.

Natron (Natrium)

Ein alkalisches weisses Pulver mit salzigem Geschmack das zusammen mit den Hülsenfrüchten in das Einweichwasser gegeben wird. Man benutzt es auch um das Kochwasser frischer Gemüse weicher zumachen.

Eine Prise Natron verstärkt die Wirkung des Backpulver. Bestimmte Autoren glauben dass das Natron den Verlust an Vitaminen der verschiedenen Nahrungen fördert und raten deshalb das Einweichwasser der Hülsenfrüchte nicht zum Kochen zu verwenden.

Nelken (Eugenia Caryophyllata) *Aoud Quronfol*

Getrocknete Blütenknospen des Gewürznelkenstrauches. Der aromatische Geruch dieser Knospen erinnert an eine Nelke und besitzt einen warmen und doch starken Geschmack der sehr geschätzt wird.

In der tunesischen Küche werden Nelken nie ohne ein anderes Gewürz angewendet. Die Nelken sind ebenfalls ein Bestandteil der nordafrikanischen Gewürzmischung «Ras il hanout».

Nelkenpeffer (Capcium annum) *Il filfil il har*

Bekannte Gemüsepflanze der Nachtschattengewächse, dessen Frucht von konischer Form ist. Am Anfang zuerst grün und zur Erntezeit brennendrot. Der scharfe Piment wird manchmal als Gemüse gebraucht, ist aber vor allem wegen seinem mehr oder weniger scharfen Geschmack ein beliebtes Gewürz. Er wird roh im tunesischen Salat, gegrillt im Salat Michwiya, in Oel gebacken oder in einem Ragout mitgekocht verwendet. Er wird ebenfalls in Sud eingelegt und mit vielen Vorspeisen serviert.

Orangenschale *Quchour il bordgane*

Um die Schale einer Orange zu konservieren sollte die Frucht zuerst gut abgewaschen werden und dann spiralenförmig geschält werden. Die Schalen in der Sonne trocknen, man kann sie entweder ganz lassen oder pulverisieren und in einer fest verschlossenen

Plastikdose aufbewahren. Die Orangenschale die je nach der Qualität, mehr oder weniger parfümiert ist, besitzt einen süssen und köstlichen Geschmack. Sie wird für viele Kuchen oder Gebäckrezepte verwendet. Manche gebrauchen auch das Orangenpulver zur Verfeinerung des türkischen Kaffee.

Orangenblütenwasser *Iz Zharr*

Die Orangenblüten werden auf gleiche Weise distilliert wie das Geranium. Das Orangenwasser wird in bauchigen Flaschen aufbewahrt und für Süssspeisen und Gebäck gebraucht. Die Nabeuler und ihre Nachbarn aus Kelibia und Hammamet begiessen ihren berühmten Kuskus den «Kousksi abiadh» mit einem Glas Orangenwasser.

Paprikagewürz (Rotes Pimentpulver) *Filfil zina*

Die scharfen Piments sowie die edelsüssen ausgereiften Paprikaschoten werden getrocknet, entkernt und fein pulverisiert und dann nochmals durch gesiebt. Der Tunesier würzt fast jede Sosse mit dem «filfil zina» aber nie zusammen mit Kurkuma oder Safran. Wie der Name schon sagt, das rote Pimentpulver gibt den Speisen einen mehr appetitlichen Aspekt denn Geschmack.

Pfefferminze (Menthe viridis) *Naânaa*

Die Minze ist ein Kraut das kultiviert wird. Die grünen Blatter haben einen sehr starken aromatischen Geruch und einen köstlichen Geschmack. Die getrockneten und pulverisierten Blätter werden bei fast allen Hackfleischgerichten, zahlreichen Suppen und Potagen, einigen Salaten und Vorspeisen wie beispielsweise der tunesische Salat sowie bei anderen Gerichten wie Aosbanes, Quadid und die hausgemachten Mirgaz verwendet. Die frischen Blätter in eine Tasse Tee gegeben, bekommen Sie einen Tee mit unvergleichbarem Geschmack.

Rosmarin (Rosmarinus Officinalis) *Klil*

Ein Gewürzkraut dessen feine, grüne und nadelartige Blätter einen sehr geschätzten aromatischen Geruch haben. Er wird bei vielen Speisen verwendet : Fleisch, Fisch, Gemüse, Teigwaren usw... die über Dampf gegart werden. Man belegt ein Kiskas mit Rosmarin und lässt die oben genannten Nahrungsmittel darin garen. Einige Zweige Rosmarin für eine bestimmte Zeitspanne in Buttermilch tauchen und Sie bekommen einen «Lben» mit sehr bekömmlichen Geschmack.

Rosenknospen (Rosa Damascena) *Chouch il ward*

Eine winzige Rosenart die aus Damaskus stammen soll, ihre Blätter haben einen durchdringenden, pfefferigen Geschmack und einen sehr starken aromatischen Geruch. Die Blätter, nachdem sie verlesen und gemahlen worden sind, sind eines der Hauptgewürze des ras il hanout und bharat.

Rosenwasser *Ma il ward*

Die Rosenblätter werden wie die des Geranium distilliert. Das rückständige Wasser wird in bauchigen oder gut verschliessbaren normalen Flaschen aufbewahrt und hauptsächlich für Süssspeisen und Gebäck verwendet.

Salzige Butter *Smann*

Die Butter wird geschmolzen und dann gesalzen. Auf dem Markt lose oder in gut verschlossenen Plastikdosen zu kaufen.

Wenn die Butter gut präpariert wurde, verliert sie mit der Zeit den salzigen Geschmack und behält einen leicht herben der sehr von den Kochamateuren in Nordafrika geschätzt wird. Im Gegenteil zu der europäischen Küche oder anderswo, wo viel Butter gebraucht wird, wird der smann in Tunesien nur als Gewürz und in sehr kleinen Mengen verwendet. Der Geschmack des smann sollte den der anderen Gewürze nicht überdecken, deshalb wird er sehr sparsam gebraucht.

Salz *il milh*

Salz ist der herkömmliche Name des Kochsalz, das durch die Verdampfung von Meereswasser in den Salinen gewonnen wird. Alle kennen das Salz und jeder braucht es als Gewürz, aber nur wenige Personen wissen es richtig zu dosieren.

Die erfahrenen Köche wissen das das Salz bei zahlreichen Gerichten, Salaten und Vorspeisen mit rohem Gemüse überflüssig ist. Der Salzgeschmack sollte auf keinen Fall die anderen Gewürze noch die Nahrungsmittel überdecken. Mit wenigen Ausnahmen, sollte man bei den anderen Gerichten das Salz nicht durchschmecken. In bestimmten Fällen genügt ein Guss Essig oder der Saft eines Zitronenviertels um das Salz zu ersetzen. Weniger Salz zu gebrauchen nutzt nicht nur dem gesunden Menschen sondern vor allem dem der zu einer Diät verpflichtet ist. Das Salz hat allerdings einen Vorteil es ist ein ausgezeichneter Lebensmittelkonservierungsstoff.

Schwarzkümmel (Nigella Damascena) *Sinouj*

Ein Hahnenfussgewächs dessen Samen, sehr parfumiert und von schwarzer Farbe nicht grösser als ein Nadelkopf, einen aromatischen und zugleich pfefferigen Geschmack besitzt. Dieser Samen wird manchmal als Parfum für die Bsissa benutzt und gelegentlich für Brot das vor dem Backen damit bestreut wird.

N.B. : Den Schwarzkümmel nicht mit den der Felder verwechseln (Lychnis githago) dessen Blumen rot und Samen giftig ist.

Schwarzer Pfeffer (Piper nigrum) *Filfil Akhal*

Der Pfeffer ist die Frucht des Pfefferstrauches, eine Liane der pfefferartigen Pflanzen. Es ist eine winzige Beere, rot wenn sie reif ist und schwarz nach dem Trocknen. Ein wichtiges Samengewürz das einen starken und scharfen Geschmack besitzt und einen aromatischen Geruch hat. Der gemahlene Pfeffer ist das Hauptgewürz für Fleisch, Geflügel, Wild, Innereien und Fischgerichte.

Stangenzimt *Quirfa*

Die getrocknete Rinde einer Lorbeerbaumart, die bekanntesten sind die aus Ceylon (Laurus Cinnamomum) und aus China (Laurus Cassia). Diese rötlichen oder bräunlichen Rinden werden im Handel entweder gemahlen oder als eingerollte Stäbchen von etwa 30 bis 40 cm angeboten. Der aromatische Geruch und eigenartige warme Geschmack, leicht und edel mit einem süsslichen Nachgeschmack macht es zu einem hochwertigen Gewürz. Er ist unentbehrlich für die Zusammenstellung folgender zwei Gewürzkompositionen : den Bharat (siehe oben) und den ras il hanout das wir schon erwähnt haben. Er wird ebenfalls bei bestimmten Speisen wie Maqurouds, Kompotte, Marmeladen usw... verwendet.

Sternanis (Illicium anisatum) *Bisbas*

Die Früchte des Sternanisbaumes sind die bekanntesten. Sie haben einen aromatischen Duft und einen angenehmen Nachgeschmack. Diese Früchte, die zu Unrecht Aniskörner genannt werden, werden in Tunesien für hausgemachtes Brot, zahlreiches Gebäck, wie Kaaks und Sorghobrote, verwendet. Er wird ebenfalls als Aroma bei Bsissa und für bestimmte Wurstsorten gebraucht.

Sudanesische «Piments» *Filfil barr abid*

Ein winziger Piment sehr scharf, dessen Farbe von gelborange bis kirschrot reicht. Er wird fast ausschliesslich für Vorspeisen verwendet und vorher entweder in eine Salz-oder Essiglösung eingelegt.

Tragantgummi *Smagh*

Es ist genau gesehen kein Gewürz, jedoch wird die Substanz, durch Einschnitte in die Rinde der Schmetterlingsbäume gewonnen. Die Substanz bläht sich im Wasser auf und wird vor allem für Gebäck und Confiserie wie das bekannte «Rahat it halquoum» und das köstliche «mlabbis» aus Sfax verwendet.

Vanille (Vanilla plassifolia) *Vanilia*

Eine Orchideenart, dessen Frucht, die Schoten vor der Reife gepflückt werden. Die Schoten werden in kochendes Wasser getaucht, dann getrocknet und die nötige Zeit konserviert damit sie ihre aromatischen Eigenschaften voll entwickeln können. Der bekannte Duft kommt von der Substanz Vanilline das auch chemisch hergestellt wird und als Vanillinzucker im Handel käuflich ist. Das Vanilline besitzt einen köstlichen Geschmack und durchdringenden Duft. Dieses Parfum bemerkt man in allen Konditoreien. Das Vanille wird für zahlreiche Gebäcksorten und Süssspeisen verwendet.

Carvi (Carum Carvi) *Carwiya*

Der Carvi, nicht zu verwechseln mit dem wirklichen Kümmel (cuminum Cyminum) ist eine Doldenpflanze dessen Früchte, nicht grösser als 3 mm, einen starken Geruch und warmen Geschmack besitzen. Diese Früchte zusammen mit dem Knoblauch ergeben eine ausgezeichnete Gewürzmischung für tunesische Speisen wie : Salat, Gemüsegerichte, Suppen, Aijja und andere im allgemeinen ohne Fleisch. Nicht zu vergessen, das der Carvi eine der Hauptzutaten bei den Gewürzkompositionen wie Tabil und Harissa ist die sehr viel bei uns verwendet werden.

Zitrone *Quaris*

Eine Frucht des Zitronen - oder Lemonenbaumes von denen es verschiedene Sorten gibt, die beste Zitrone ist die kleine orientalische, in Tunesien unter dem Namen «Quaris beldi» bekannt, ihr Saft ist säurehaltiger und von kräftigerem Geschmack.

Die Verwendung der Zitrone ist vielseitig : zuerst als Gewürz bei den meisten kulinarischen Gerichten wie : Vorspeisen, Ragout, Suppen, Potagen, Brik oder gefüllte Teigwaren, Fleisch, Geflügel und gegrilltem oder gebratenem Fisch. Bestimmte Gemüsesorten wie Artischocken, damit sie nicht schwarz werden beträufelt man mit Zitrone. Man gibt Zitronensaft in den Zuckersirup damit er sich nicht zu schnell kristallisiert und bei verschlagenen Eiern die sich dadurch länger halten. Nicht zu vergessen das der Zitronensaft das Hauptelement des Zitronengetränkes ist, ein bei uns sehr beliebtes Getränk. Die Schale der Zitrone wird bei vielen Gebäcksorten verwendet. Die eingelegte Zitrone wird bei mehreren Vorspeisen wie beispielsweise Michwiya, tunesischer Teller oder Sandwich verwendet.

Zucker *Sokkar*

Der gewöhnliche Zucker (oder Sacharose) ausser seiner Eigenschaft dem Körper Kalorien zuzuführen, ist er ein Süssstoff, also ein Gewürz. Er wird unter mehreren Formen im Handel angeboten : Würfel, fein, mittel, grob, Puderzucker, Streuzucker usw... Die Gebrauchsliste des Zuckers hier anzugeben wäre unendlich, kurz, er wird für alle Arten von Süssspeisen, Kuchen, Confiserien, Cremes, Eis, Sirups, Konfitüren usw... angewandt. Ausserdem wird er in Tunesien wie in anderen Ländern für bestimmte süss-saure Gerichte mit Fleisch oder Wild verwendet wie die Mouziya und die Ragouts mit Maronen, Aprikosen, Pflaumen usw... Speisen die hauptsächlich zum Aid El Kebir (Opferfest) zubereitet werden.

Wie für das Salz gilt auch für den Zucker der Grundstaz nicht die anderen Gewürze zu überdecken. Z.B. sollte der Zucker nicht den Geschmack von Vanille oder Geraniumwasser in einer Creme übertreffen oder den der Pistazien oder Haselnüsse in der Baqulawa oder den der Datteln im Masfouf.

Zuckersirup *Bountou*

Der Sirup ist eine Zuckerwasserlösung. Durch die Hitze erhöht sich die Konzentration von Zucker.

Ein Kilogramm Zucker in 3/4 Liter kochendes Wasser auflösen. Der Sirup wird nach und nach kompakt, je nach dem Verdunsten des Wasser. Seine Viskosität ist progressiv und führt über mehrere Stufen, die durch eine Siruptabelle (von 0° bis 44°) ermessen werden kann :

1) der glatte zwischen 25 und 30 Grad
2) der perlige zwischen 31 ind 35 Grad
3) der Souffle zwischen 36 und 38 Grad
4) der schwere zwischen 39 und 40 Grad

Über 40 Grad wird der Sirup brüchig und da das ganze Wasser verdunstet ist wird er nach dem Erkalten zu Toffee.

Gewürznischung *Tabil*

Korianderkörner	**2 Kg**	**getr. rote Piments**	**500 g**
Carvikörner	**1 Kg**	**Knoblauchzehen**	**500 g**

grobes Salz : 2 Esslöffel

Die Koriander und Carvikörner verlesen. Die Knoblauchzehen schälen. Die Piments entstielen und das Kerngehäuse herausnehmen. Alle diese Zutaten vermischen und in der Sonne trocknen lassen. Nach dem Trocknen, Salz untermischen, im Mörser zerstossen oder beim Müller mahlen lassen. Vor Feuchtigkeit schützen.

Die Sossen

Harissa-Sosse — *Salsat il harissa*

Harissa	**1/2 Esslöffel**	**Wasser**	**2 Esslöffel**
Oel	**3 Esslöffel**	**Petersilie gehackt**	**1 Esslöffel**

Das Harissa mit zwei Esslöffel Wasser in einen tiefen Teller vermischen, das Oel zugeben und alles mit der Gabel schlagen. Mit Petersilie bestreuen. Die Harissasosse eignet sich besonders für gegrilltes Fleisch oder Innereien, Würstchen, Spiesse, Leber usw.

Auberginensosse — *Charmoulit bahinjane*

Auberginen	**eine**	**Tomatenmark**	**1 Esslöffel**
Reife Zwiebeln	**200 g**	**Essig**	**1 Esslöffel**
Oel	**6 Esslöffel**	**Harissa**	**1/2 Esslöffel**
Knoblauchzehen	**2 oder 3**	**Tabil** (1)	**1/2 Esslöffel**

Salz nach Geschmack

Knoblauchzehen und Zwiebeln schälen und kleinhacken. Oel erhitzen. Eine violette und längliche Aubergine wählen, in feine Scheiben schneiden und in Oel ausbacken, abtropfen lassen und beiseite stellen.

Die Zwiebeln einige Minuten in dem gleichen Oel dünsten, den Knoblauch, das Tomatenmark in einem Glass Wasser verdünnt, Harissa und Tabil zufügen, vermischen und während 20 Minuten kochen lassen. Die Aubergine in die Sosse geben, einen Guss Essig zufügen, Salz und Pfeffer abschmecken und von der Flamme nehmen. Die Auberginensosse wird im allgemeinen zu gebratenem Fisch serviert.

(1) Gewürzmischung, siehe Kapitel Gewürze ?.

Zucchinisosse — *Charmoulit quraâ bou tozina*

Gleiches Rezept wie vorgenanntes. Anstelle der Aubergine eine oder zwei kleine Zucchini abschaben, Stengel entfernen und in Scheiben schneiden. Die Kerne herausnehmen.

Sosse mit Rosinen[1] — *Charmoula biz zbib*

Zwiebeln	**250 g**	**Essig**	**2 Esslöffel**
Rosinen	**100 g**	**Bharat**	**1/2 Esslöffel**
Oel	**6 Esslöffel**	**Salz und Pfeffer**	**nach Geschmack**

Die Zwiebel schälen und in Scheiben schneiden. Die Rosinen verlesen, waschen und abtropfen lassen. Oel in einem Topf erhitzen, die Zwiebeln darin golden rösten, die Rosinen und den Bharat zugeben, leicht salzen und pfeffern, mit einem Glass Wasser auffüllen, aufkochen und zugedeckt 20 Minuten garen. Ab und zu umrühren. Den Essig zugeben, die Sosse beikochen lassen, sie sollte ziemlich kompakt sein und Salz abschmecken.

Diese Sosse wird meistens zu Fisch gereicht. Sie entweder direkt über den Fisch geben oder extra servieren.

(1) Ein Rezept des Gouvernorat von Biserta.

Sosse mit Rosinen[2] — *Charmoula biz zbib*

Rosinen	***500 g***	***Nelkenpfeffer***	***1/2 Esslöffel***
Zwiebeln	***500 g***	***Ras il hanout***	***1/2 Teelöffel***
Oel	***6 Esslöffel***	***Pfeffer***	***1/2 Teelöffel***

Salz nach Geschmack

Die Rosinen säubern und im Mörser zerdrücken, die Masse mit ein Viertel Liter Wasser vermischen in eine Seihe geben darunter ein feines Sieb stellen und die Masse durchkneten bis der Saft ausgepresst ist. Man kann auch die Masse durch ein Tuch oder Säckchen drücken. Die Zwiebeln schälen und feinhacken.

Oel erhitzen und die Zwiebel darin bräunen. Die Gewürze hinzufügen leicht salzen, den Rosinensaft beigeben, verrühren, die Flamme kleiner stellen und zugedeckt kochen lassen. Ab und zu umrühren. Wenn die Sosse die Konsistanz eines Sirup bekommt, Salz abschmecken und vom Feuer.

Die Sosse ist eine Spezialität von Sfax und wird zu salzigem Fisch zum Feiertag des Aid Seghir (Ende des Fastenmonats) gereicht. Aber die Sosse kann auch zu anderen Gelegenheiten zu gekochten oder gebratenen Fisch serviert werden.

Tomatensosse — *Salsa Tmatim*

Tomaten	**500 g**	**Harissa**	**1/2 Esslöffel**
Knoblauchzehen	**3 - 4**	**Pfeffer**	**1/2 Teelöffel**
Oel	**3 Esslöffel**	**Salz**	**nach Geschmack**

Drei oder vier Knoblauchzehen schälen. Die Tomaten in Stücke schneiden, entkernen in eine Gemüsemühle geben und durchdrehen. Die frischen Tomaten können auch durch zwei Esslöffel Tomatenmark in einem kleinen Glas Wasser verdünnt ersetzt werden. Oel erhitzen, Tomatenpüree Harissa und zerkleinerten Knoblauch zugeben. Pfeffer und Salz hinzufügen und während 15 bis 20 Minuten garen lassen.

Diese Art Tomatensosse wird im allgemeinen zu bestimmten Gerichten wie Kifta, gebackenem oder gefülltem Gemüse, Gemüsebeignets, gebackenen oder gefüllten Fisch usw... serviert.

Tomatensosse (für Teigwaren) *Salsa Tmatim*

Frische Tomaten	**350 g**	**Basilikum**	**einige Blätter**
Tomatenmark	**200 g**	**Oel**	**2 Esslöffel**
Zwiebeln	**100 g**	**Harissa**(1)	**1/2 Esslöffel**
Knoblauchzehen	**4 - 5**	**Paprikagewürz**(2)	**1/2 Esslöffel**
Lorbeerblätter	**zwei**	**Salz und Pfeffer nach Geschmack**	

Zwiebeln und Knoblauchzehen schälen und feinhacken. Die Tomaten in Stücke schneiden, Kerne entfernen und in der Gemüsemühle durchdrehen. Oel in einer Bratpfanne erhitzen, die Zwiebeln darin glasieren den Knoblauch zufügen und für eine Minute ziehen lassen, nicht länger sonst verliert er den Geschmack. Das Tomatenpüree, Tomatenmark, die Lorbeerblätter und Basilikum in die Pfanne geben, salzen und pfeffern, gut umrühren und bei schwacher Hitze während 20 Minuten zugedeckt garen. Von Zeit zu Zeit umrühren. Sobald die Sosse sämig wird, die aromatischen Blätter herausnehmen, nach Geschmack würzen und von der Feuer nehmen.

Abwandlung

Gleiche Methode. Nur ausser den genannten Zutaten noch einen halben Teelöffel Tabil oder zwei bis drei scharfe Paprikaschoten, in kleine Würfel geschnitten, oder beide mitgebrauchen. Das Harissa kann auch weggelassen werden.

Essigtunke *Salsit il khall*

Oel	**3 Esslöffel**	**Pfeffer**	**nach Geschmack**
Essig	**1 Esslöffel**	**Salz**	**nach Geschmack**

In einen tiefen Teller Oel und Essig vermischen. Nach Belieben salzen und pfeffern. Die Salattunke wird für Salate aller Arten und Vorspeisen mit rohem und gekochtem Gemüse verwendet.

Eingelegte Kapern *Kabbar mkhallil*

Die Kapern säubern, entstielen und schichtenweise, eine Schicht Kapern eine Schicht Salz, in einem Behälter für 48 Stunden marinieren lassen. Abwaschen, in kleine Einmachgläser geben mit reinem Essig oder zu gleichen Teilen Salzwasser und Essig bedecken. Die Gläser gut verschliessen.

Weisse Rüben in Essig *Tourchi*

Junge und frische weisse Rüben wählen, zu reifes Gemüse wird leicht schwammig und ungeniessbar. Die Rüben schälen, waschen und genauso zubereiten wie die oben beschriebenen Kapern.

Eine Abwandlung : den Essig durch das Fruchtfleish, entkernt und in Stücke geschnitten, einer bitteren Pommeranze ersetzen.

Eingemachte Grüne Oliven *Zitoun Akdar Immallah*

Die Tischoliven sollten sehr fleischig sein, mit einem kleinen Kern der nicht oder wenig am Fruchtfleisch haftet. Ihr Geschmack und Parfum ist weniger bitter als der der anderen Sorten. Die Sorte die am besten diesen Ansprüchen entspricht heisst «Miski» Die Grösse spielt keine Rolle.

Die Oliven entstielen, sorgfältig waschen und in jede Frucht drei oder vier Einschnitte machen, oder aber mit einem Gegenstand leicht zerdrücken. Die Oliven nach und nach in ein mit frischem Wasser gefüllten Behälter geben. Das Wasser sollte während 4 bis 5 Tage morgens, und abends, gewechselt werden. Dann nochmals abwaschen in Gläser oder in glasierte Tonkrüge aus Nabeul legen und mit stark salzhaltigem Wasser bedecken. Die Beize mit grünen Anisblättern, Zitronenviertel oder mit dem zerkleinerten Fruchtfleisch einer Pommeranze verfeinern. Wenn die Oliven eine gelbliche Farbe annehmen können sie verzehrt werden.

Für gefüllte Oliven die grösste Sorte wie «Barounis» oder «Bisbassis» wählen. Die Oliven in der gleichen Beize konservieren jedoch ohne sie vorher einzuschneiden oder zu zerdrücken, nur mit einer Nadel mehrmals einstechen. Sie können auch schon vor dem Einmachen entsteint werden.

Eingelegte schwarze Oliven *Zitoun Akhal Immallah*

Reife und volle schwarze Oliven nehmen, waschen mit der Gabel oder Nadel einstechen und gut mit Salz einreiben. Ein Teil Salz für 3 Portionen Oliven, in eine Korbtasche geben und mit einem Gewicht obendrauf beschweren. Während 15 Tagen so lassen damit das Salz in das Fruchtfleisch einziehen kann und der Saft durch die Maschen der Tasche absickert. Die Oliven abwaschen, abtropfen auf ein Brett verteilen und in der Sonne zwei oder drei Tage trocknen lassen. Die Oliven in Einmachgläser legen mit Olivenoel auffüllen und konservieren. Die Oliven können nach 3 Wochen oder einem Monat konsummiert werden.

Eingelegte Zitronen *Limoun immallah*

Die Zitronen (die einfachen oder die «Baldi») waschen, in jede der Länge nach ein Kreuz einschneiden und drei oder vier Tage in einem mit Wasser gefüllten Behälter leger. Das Wasser sollte morgens und abends gewechselt werden. Durch das Einweichen mindert sich der bittere Geschmack der Zitronenschale. Abwaschen, in ein Einmachglas legen und mit einer starken Salzlösung auffüllen. Die Zitronen können nach 12 bis 15 Tagen konsummiert werden.

Eingemachte Piments *Filfil msayer*

Die frischen Schoten grün oder rot (die einfachen oder die Sudanesischen Piments) waschen, entstielen und mit zwei kleinen längsseigen Einschnitten versehen. In Einmachgläser legen mit einer starken Essiglösung begiessen und frischen Zitronenscheiben belegen und fest verschlossen aufbewahren. Die Piments können nach 10 bis 12 Tagen konsummient werden.

Eingemachtes Gemüse *Ommalah*

Blumenkohl	**Fenchelknollen**	**Kleine Zwiebeln**
Karotten	**Frische Erbsen**	**Artischocken**
Selleriestangen	**Weisse Rüben**	**grüne Stangenbohnen**

Alle Gemüsesorten putzen und sorgfältig abwaschen. Den Blumenkohl in Röschen aufteilen, die Karotten schaben und in Rondelle schneiden. Die Selleriestangen säubern und in Stifte zerteilen. Die weissen Rüben in feine Scheiben Schneiden, nicht schälen. Die Fenchelknollen putzen und in kleine Viertel schneiden. Erbsen ausdöpsen. Die violetten Artischocken, junge und zarte wählen, putzen und die Herzen vierteln. Die Stangenbohnen säubern und in Stücke schnibbeln. Alles Gemüse 15 Minuten blanchieren, abschrecken und in einem Sieb abtropfen lassen. In das Einmachglas geben, mit einer Salz-Essiglösung auffüllen und gut verschlossen aufbewahren.

Suppen und Brühen

Nudelsuppe mit Hülsenfrüchte *Hlalim bid dhabich*

Hlalim[1]	200 g	Zwiebel	eine kleine
getr. Saubohnen	100 g	Oel	4 Esslöffel
Kichererbsen	50 g	Tomatenmark	2 Esslöffel
Petersilie	einige Stiele	Harissa	1/2 Esslöffel
Sellerie	einige Stiele	Paprikagewürz	1/2 Esslöffel
grüne Paprika	vier	Salz	nach Geschmack

Kichererbsen verlesen, Saubohnen schälen und beide Hülsen früchte 12 Stunden im frischen Wasser weichen lassen. Abspülen. Petersilie und Sellerie waschen und kleinhacken. Oel mit der kleingeschnittenen Zwiebel in einen Topf erhitzen, Tomatenmark in einem Glass Wasser verdünnt oder 500 g frische pürierte Tomaten. Harissa, Paprikagewürz, die Hülsenfrüchte und das feingehackte Petersilie und Sellerie in den Topf geben. Vermischen 5 bis 10 Minuten kochen, mit einem Liter Wasser auffüllen, aufkochen, Flamme kleiner stellen und zugedeckt garen lassen bis die Hülsenfrüchte weich sind. Vier bis fünf frische Paprikaschoten putzen, mit der Messerspitze eine kleine Öffnung praktizieren, durch diese eine Prise Salz im Inneren der Schote hineinfügen. Sobald die Hülsenfrüchte gar sind, nochmals ein Liter Wasser nachfüllen, aufkochen. die Paprikaschoten zugeben, die Hlalims in die Suppe rieseln lassen und zugedeckt während 20 Minuten garen lassen. Salz abschmecken und sofort servieren.

---

(1) Siehe Kapitel der Konserven.

Nudelsuppe mit frischem Gemüse *Hlalim bil khodhra*

Hlalims	200 g	Zwiebel	eine kleine
getr. Saubohnen	50 g	Oel	4 Esslöffel
Kichererbsen	50 g	Tomatenmark	2 Esslöffel
Karotten	3 - 4 Stück	Harissa	2 Esslöffel
Paprikaschoten	4 - 5 Stück	Paprikagewürz	1/2 Esslöffel
Weisse Rüben	2 - 3 Stück	Petersilie	einige Stengel
Simmag[1]	1 Stange	Sellerie	einige Stiele

Salz : nach Wunsch

Karotten schaben und in Rondelle schneiden. Die weissen Rüben schälen und vierteln. Den Simmag abschaben, stöckige Stellen entfernen, sorgfältig waschen und in Stäbchen schneiden und während zwei Stunden in frischem Wasser einweichen. Abspülen. Weiter zubereiten wie das Grundrezept. Frisches Gemüse zufügen sobald die Hülsenfrüchte weich sind.

(1) Wilde Pflanze, der wilden Artischocke ähnlich, ist nicht unbedingt zu gebrauchen.

Abwandlungen

Man kann die Karotten, den Simmag und die weissen Rüben durch frische Erbsen und Artischockenböden (Hlalim bil Jilbana wil gannariya) oder frische Erbsen und junge frische Saubohnen in Stücke geschnitten, oder reife frische geschälte Saubohnen (Hlalim bil foul wi jilbana) ersetzen. Bei letzterem Gericht keine Hülsenfrüchte verwenden.

Nudelsuppe mit Fleisch *Hlalim bil lham*

200 gramm Fleisch, nach Wahl, in gleichmässige Stücke schneiden salzen und pfeffern. Oel im Topf erhitzen, eine feingewiegte Zwiebel darin dünsten das Fleisch zugeben. Weitere Zubereitung wie eines der Hlalims-Rezepte.

Nudelsuppe mit Huhn *Hlalim bid djaj*

Eine Hühnerbrust ausbeinen und in kleine Stücke schneiden. Salzen und Pfeffern. Oel mit einer feingeschnittenen Zwiebel im Topf erhitzen, die Hühnerteile darin golden anbraten. Weiter zubereiten wie eines der oben beschriebenen Rezepte, nach Ihrer Wahl.

Nudelsuppe *Richta jaria*

Zubereitung wie eines der Hlalims-Rezepte Ihrer Wahl. Die Hlalims durch gleiche Menge in Stücke gebrochene Nudeln ersetzen.

Kichererbsensuppe *Lablabi*

Kichererbsen[1]	500 g	Oel	6 Esslöffel
Knoblauch	5 - 6 Zehen	Kümmel	1 Esslöffel
Harissa	1 Esslöffel	Zitrone	eine
Natron	1 Prise	Salz	nach Geschmack

Kichererbsen verlesen und waschen. Am Vorabend in Wasser einweichen. Abspülen und zugedeckt in zwei Liter Wasser mit einer grossen Prise Natron[2] kochen lassen. In der Zwischenzeit, Knoblauchzehen schälen und zusammen mit dem Kümmel und einen halben Teelöffel feinem Salz zerdrücken. Sobald die Kichererbsen weich sind, das Harissa und zerstossene Gewürze zugeben, gut verrühren, nochmals zehn Minuten garen, nachsalzen und vom Feuer nehmen.

Altbackenes Weissbrot in gleichmässige kleine Würfel schneiden Brotstücke auf kleine Schüsseln verteilen, mit der Brühe begiessen, soviel wie das Brot aufsaugen kann, eine Nuss Harissa, eine Prise gemahlenen Kümmel[3] übergeben und mit Olivenoel beträufeln. Heiss servieren. Die Zitronenviertel gesondert reichen.

---

(1) Man kann auch die schon eingeweichten Kichererbsen im Handel zuhaben verwenden.

(2) und (3) nach Wahl.

Griessuppe *Sdir*

Oel	4 Esslöffel	Griess (feiner)	150 g
Tomatenmark	1 Esslöffel	Harissa	1 Esslöffel
Kapern	50 g	Zitrone (eingelegte)	eine
Knoblauch	4 - 5 Zehen	Carvikörner	1/2 Esslöffel
Paprikagewürz	1/2 Esslöffel	Minzblätter (getr.)	einige Stiele

Salz nach Geschmack

Kapern entstielen. Eingemachte Zitrone entkernen und ungeschält in kleine Würfel schneiden. Minze zerreiben. Beiseite stellen. Carvikörner verlesen, zusammen mit den geschälten Knoblauchzehen und 1/2 Teelöffel Salz im Mörser zerstossen. Oel im Topf erhitzen, Tomatenmark in ein Glas Wasser auflösen, mit Harissa, Paprikagewürz sowie die gestampften Gewürze in den Topf geben, verrühren und zugedeckt während zehn Minuten kochen lassen. Mit ein und ein halbes Liter Wasser auffüllen, aufkochen, Griess langsam hineinschütten, Kapern und Zitronenwürfel hinzugeben und fünfzehn Minuten bei offenem Topf weiterkochen. Mit Salz abschmecken, die pulverisierten Minzblätter unterziehen und heiss servieren.

Weizensuppe mit Hülsenfrüchte *Mhammas bid dhabich*

grob gemahlener Weizen(1)	200 g	Zitrone(5)	eine
getr. Saubohnen(2)	100 g	Oel	4 Esslöffel
Kichererbsen	50 g	Tomatenmark	1 Esslöffel
Linsen(3)	25 g	Harissa	1 Esslöffel
Bockshornklee(4)	25 g	Carvikörner	1/2 Esslöffel
Knoblauch	4 - 5 Zehen	Paprikagewürz	1/2 Esslöffel

Sola nach Geschamck

Die Kichererbsen, geschälten Saubohnen und Linsen sorgfältig verlesen alles zusammen mit den Bockshornklee über Nacht im frischen Wasser weichen lassen. Abspülen und abtropfen lassen. Knoblauchzehen schälen, Carvikörner verlesen. Alles in einen Topf geben, Oel zugiessen und mit einem Liter Wasser auffüllen, vermengen, kurz aufkochen lassen. Die Flamme kleiner stellen und bei zugedecktem Topf garen. Sobald die Hülsenfrüchte gar sind, Tomatenmark, Harissa, Paprikagewürz hinzufügen und für weitere fünfzehn Minuten kochen. Danach nochmals mit einem Liter Wasser auffüllen, aufkochen, den grobgemahlenen Weizen in den Topf rieseln lassen und während 20 bis 25 Minuten unbedeckt weitergaren. Salz abschmecken. Heiss servieren. Nach Belieben dazu Zitronenviertel reichen.

---

(1) Spezialer grobgemahlener Couscous
(2) Auch durch kleine geschälte Saubohnen zu ersetzen
(3) (4) und (5) nicht unbedingt notwendig.

Graupensuppe *Borghol jari*

Feine Graupen[4]	**250 g**	**Oel**	**4 Esslöffel**
Saubohnen (getr.)[1]	**250 g**	**Tomatenmark**	**2 Esslöffel**
Kichererbsen[2]	**50 g**	**Harissa**	**1 Esslöffel**
Knoblauch	**4 - 5 Zehen**	**Kümmel**	**1/2 Esslöffel**
Zitrone	**eine**	**Paprikagewürz**	**1/2 Esslöffel**
Salz	**nach Geschmack**	**Natron**	**1/2 Teelöffel**

Am Vorabend, Kichererbsen verlesen, Saubohnen schälen. mit dem Natron eine Nacht im Wasser weichen lassen. Abwaschen und abtropfen lassen. Graupen mit Oel und Hülsenfrüchte vermischen, in einen Topf geben mit 2 Liter Wasser auffüllen, aufs Feuer setzen, umrühren, zugedeckt bei schwacher Hitze garen. Ab und zu Wasser nachfüllen, sodass die Suppe die ursprüngliche Menge an Flüssigkeit beibehält. Knoblauchzehen schälen und mit einem 1/2 Teelöffel Salz im Mörser zerstossen. Kümmel verlesen und separat zerdrücken.

Sobald die Suppe gleichmässig glatt ist[3] das Harissa, Tomatenmark, Paprikagewürz und Knoblauch untergeben, bei offenem Topf unter öfteren Umrühren eine Viertel Stunde kochen lassen. Kümmel untermischen, Salz abschmecken und mit gesondert gereichten Zitronenviertel servieren.

(1) Können durch kleine Saubohnen ersetzt werden
(2) Nicht unbedingt nötig
(3) Wenn nötig durchdrehen oder sieben.
(4) gerollte Gerste.

Graupensuppe mit Dörrfleisch *Borghol jari bil quadid*

Wie vorgenanntes Rezept, mit den gleichen Zutaten. Einige Stücke Dörrfleisch am Anfang des Kochvorganges zufügen.

Reissuppe *Rouz jari*

Zutaten und Zubereitung wie die zwei obigen Rezepte. Die Graupen durch die gleiche Menge Reis ersetzen.

Hefesuppe *Hassou bil khmira*

Hefe (frische)	**200 g**	**Tomatenmark**	**1 Esslöffel**
Oel	**4 Esslöffel**	**Harissa**	**1 Esslöffel**
Carvikörner	**1/2 Esslöffel**	**Nelkenpfeffer**	**1/2 Esslöffel**
Knoblauch	**4 - 5 Zehen**	**getr. Minze**	**einige Stiele**

Salz nach Geschmack

Minzblätter verlesen und pulverisieren. Knoblauch schälen mit den Carvikörnern und 1/2 Teelöffel Salz im Mörser zerstossen. Oel im Topf erhitzen, Tomatenmark mit Wasser verdünnt, Harissa, Nelkenpfeffer, Knoblauch und Carvi in den Topf geben mit einem halben Liter Wasser ablöschen, umrühren und zum Kochen bringen. Topf zudecken und einen guten Augenblick kochen lassen. Hefe in ein Liter Wasser auflösen, passieren und zu der Sosse geben, gut vermischen und unter ständigem Rühren etwa 20 bis 25 Minuten garen lassen bis eine gleichmässige und krummenlose Suppe entsteht. Mit Salz abschmecken, die pulverisierte Minze untermischen und sofort servieren.

Grünkernsuppe mit Lammfleisch — *Chorba frik bil åallouch*

Lammfleisch	500 g	Oel	4 Esslöffel
Grünkerne	150 g	Tomatenmark	1 Esslöffel
Petersilie	50 g	Harissa	1/2 Esslöffel
Sellerie	50 g	Paprikagewürz	1/2 Esslöffel
Kichererbsen	50 g	Schwarzer Pfeffer	1/2 Teelöffel
Salzige oder		Zitrone	eine
frische Butter	30 g	Salz	nach Geschmack

Die Kichererbsen verlesen, abwaschen und über Nacht einweichen. Petersilie und eine Stange Sellerie feinwiegen. Fleisch, Knochen ausbeinen, in gleichmässige kleine Würfel schneiden mit Salz und Pfeffer würzen. Alles in einen Topf geben, Oel zugiessen, das Tomatenmark in einem Glas Wasser verdünnen, Harissa und Paprikagewürz mit dem Fleisch vermengen, auf die Flamme setzen, erhitzen und während 10 Minuten, unter mehrmaligen Rühren ziehen lassen. Mit einundeinhalb Liter Wasser auffüllen, aufkochen lassen, die Grünkerne hineingeben, umrühren, Flamme kleiner stellen, Topf zudecken und mindestens zwei zwei Stunden garen. Laufend Wasser nachfüllen, damit die ursprüngliche Flüssigkeitsmenge beibehalten wird. Sobald die Kichererbsen weich sind und die Suppe sämig ist, die Butter zufügen, Salz abschmecken und heiss mit Zitronenachteln servieren.

Grünkernsuppe mit Markknochen — *Chorba Frik bil mokḥ*

So zubereiten wie die vorgenannte Suppe. Anstelle des Fleisch einen Markknochen, in Teile gesägt, verwenden. Am Kochende nur das aus den Knochen enfernte Mark in die Suppe geben.

Gemüsesuppe Grundrezept *Broudou bil khodhra*

Kartoffeln	**200 g**	**Sellerie**[6]	**50 g**
weiße Rüben[1]	**200 g**	**Salzige oder frische Butter**	**20 g**
Karotten[2]	**200 g**	**Tomatenmark**	**50 g**
Kohlrabi[3]	**200 g**	**Zitrone**	**eine**
Porree[4]	**100 g**	**Salz**	**nach Belieben**
Petersilie[5]	**50 g**	**Pfeffer**	**nach Belieben**

Die Gemüse sorgfältig waschen. Karotten abschaben und in Rondelle schneiden. Kartoffeln, weisse Rüben und Kohlrabi schälen und vierteln. Petersilie und Sellerie waschen und kleinhacken. Porree schälen und ebenfalls feinwiegen. Alles in einen Topf geben, Tomatenmark zufügen mit zwei Liter Wasser auffüllen, leicht salzen und pfeffern, auf grosser Flamme zum Kochen bringen, dann während einer guten Stunde zugedeckt garen lassen. Nach der Kochzeit die gesalzene oder frische Butter in die Suppe rühren, Salz abschmecken, nicht passieren, heiss mit gesondert gereichten Zitronenvierteln servieren.

(1), (2), (3), (4), (5) und (6) Diese Gemüse gibt es bei dem Gemüsehändler schon fertig gebündelt zu kaufen (Quitta broudou).

Passierte Gemüsesuppe *Broudou khodhra mirhiya*

Wird mit den gleichen Zutaten bereitet. Karotten schaben und in Rondelle schneiden. Kartoffeln, weisse Rüben und Kohlrabi schälen und vierteln. Petersilie und Sellerie zu einem Bouquet binden. Porree schälen und grobhacken. Diese Zutaten in einen Topf geben, mit zwei Liter Wasser auffüllen, auf die Flamme setzen, salzen und pfeffern, aufkochen lassen Während einundeinhalb Stunden bei schwacher Hitze und zugedecktem Topf kochen. Sobald die Gemüse gar sind, die Brühe durchseihen und auf die Flamme zurücksetzen. Das Bouquet herausnehmen. Das restliche Gemüse passieren und in die Brühe geben. Eine Nuss salzige oder frische Butter hineingeben. Salz abschmecken. Die Suppe mit Zitronenachteln servieren.

Passierte Gemüsesuppe mit Ei *Broudou khodhra mnichi*

Zubereitung wie obiges Rezept mit den gleichen Zutaten. Zwei Eier mit einem Teelöffel Zitronensaft verquirlen und sie unter Rühren in die Suppe einlaufen lassen. Abschmecken und sofort servieren.

Gemüsesuppen mit Markknochen *Broudou Khodhra bil mokh*

Zubereitung und Zutaten wie eine der drei oben beschriebenen Gemüsesuppen. Ein in Stücke gespaltener Markknochen (vom Metzger) mit verwenden. Die Knochen zur gleichen Zeit wie das Gemüse in den Topf geben. Kurz vor dem Servieren die Knochen herausnehmen, das Mark auslösen und in die Suppe geben.

Gemüsesuppe mit Lammfleisch — *Broudou Khodhra bil aallouch*

Zubereitung wie eines der Gemüsesuppenrezepte. 250 g Lammfleisch in Stücke zerteilen, salzen und pfeffern und solange mit dem Gemüse kochen bis sie gar sind. Kurz vor dem Servieren die Fleischstücke herausnehmen, Knochen ausbeinen, Fleisch zurück in die Suppe geben und zu Tisch bringen.

Gemüsesuppe mit Huhn — *Broudou Khodhra bid djaj*

Eine Hühnerbrust mit Salz und Pfeffer einreiben und zur gleichen Zeit mit dem Gemüse in den Topf geben. Kochgang wie die anderen Suppen. Hühnerbrust herausnehmen, zerrupfen oder in kleine Würfel schneiden und wieder in die Suppe geben.

Suppe mit Lammrippchen — *Thrid bil âalouch*

Grundrezept

Lammrippchen	**500 g**
Kichererbsen	**50 g**
Petersilie	**50 g**
Sellerie	**50 g**
Salzige oder frische Butter	**20 g**
Bharat	**1/2 Teelöffel**

Gemischtes Gericht

Eier	**zwei**
altbackenes Brot	**1 Baguette**
Zitrone	**eine**
Oel	**nach Bedarf**
Pfeffer	**nach Belieben**
Salz	**nach Belieben**

Kichererbsen verlesen und waschen, 12 Stunden im frischen Wasser einweichen. Abwaschen und abtropfen lassen. Petersilie und Sellerie waschen und binden. Ein Dutzend

Lammrippchen salzen und pfeffern. In einen Topf geben, die Nuss Butter hinzufügen mit zwei Liter Wasser auffüllen, aufkochen, Flamme kleiner stellen und eine Stunde garen. Petersilie und Sellerie herausnehmen. Kotelett ebenfalls herausnehmen, abtropfen lassen und mit etwa Salz und Bharat bestreuen. Beiseite stellen. Zwei Eier mit dem Saft eines Zitronenviertels in einer Schüssel mit dem Schneebesen verschlagen und unter Rühren in die Brühe einlaufen lassen. Gewürze abschmecken und weiter auf kleiner Flamme lassen, sie sollte nicht erkalten.

Oel in einer Pfanne erhitzen, die Rippchen während ein oder zwei Minuten von beiden Seiten braten und auf dem Servierteller anrichten. Das Baguette vom Vortag in kleine Würfel oder dünne Scheiben schneiden kurz in dem Rest des Bratenfett wälzen und abtropfen lassen.

Anrichten : Die Brotstücke in eine Suppenschüssel legen, mit der Brühe übergiessen, die Kichererbsen darüber verteilen und heiss mit den gesondert gereichten Lammrippchen servieren.

Bemerkung : Die Thrid ist ein Doppelgericht, aus Fleisch und kräftiger Suppe bestehend. Zusammen mit einem Salat und und einer Frucht serviert ergibt sich eine komplette Mahlzeit.

Hühnersuppe *Thrid bid djaj*

Ein junges Huhn ausbeinen, das Fleisch in grosse Würfel oder Scheiben schneiden und weiter wie die Suppe mit Lammrippchen zubereiten. Die Innereien und Reste des Huhn können für ein drittes Gericht : Aijja mit Innereien, Chakchoukas mit Innereien oder Sonstiges verwendet werden. Hühnerfleischteile können, nach Belieben, vor dem Braten in Mehl und Ei gewälzt werden.

Nudelsuppe mit Lammfleisch — *Chorba hamra bil aalouch*

Lammfleisch	**500 g**	**Harissa**	**25 g**
Chorba	**150 g**	**Salzige oder frische Butter**[1]	**15 g**
Petersilie	**50 g**	**Oel**	**2 oder 3 Esslöffel**
Sellerie	**50 g**	**Pfeffer**	**1/2 Esslöffel**
Tomatenmark	**50 g**	**Salz**	**nach Geschmack**

Petersilie und Sellerie verlesen, abwaschen und feinwiegen. Fleisch in kleine gleischmässige Würfel schneiden, mit Salz und Pfeffer würzen. Oel in einem Topf erhitzen und das Fleisch darin kurz anbraten. Das Tomatenmark mit Wasser verdünnt, Harissa, gehackte Petersilie und Sellerie dazugeben, mit einem Liter Wasser auffüllen, vermischen und zum Kochen bringen. Bei schwacher Hitze garziehen. Wenn das Fleisch gar ist (zwischen Daumen und Zeigefinger zu zerdrücken ist), nochmals ein Liter Wasser zugiessen, einmal aufkochen lassen, die Suppennudeln in die Brühe rieseln lassen und bei offenem Topf nochmals 10 Minuten kochen. Eine Nuss salzige oder frische Butter untergeben, mit Salz und Pfeffer abschmecken und sofort mit Zitronenachteln servieren.

(1) nach Belieben

Nudelsuppe mit Lammfleisch — *Chorba zaara bil aalouch*

Lammfleisch	**500 g**	**Eier**	**zwei**
Chorba	**150 g**	**Zitrone**	**eine**
Petersilie	**50 g**	**Pfeffer**	**1/2 Teelöffel**
Sellerie	**50 g**	**Safran**	**eine Prise**
Gesalzene oder frische Butter	**30 g**	**Salz**	**nach Belieben**

Einige Stiele Petersilie und eine Stange Sellerie waschen und binden. Fleisch in grosse Stücke schneiden und mit Safran, Salz und Pfeffer einreiben. Alles in einen Topf geben, mit einem Liter Wasser auffüllen und auf die Flamme setzen. Einmal aufkochen lassen, zudecken und bei schwacher Flamme weiterkochen. Wenn das Fleisch gar ist, Suppengrün und Fleisch herausnehmen, die Knochen auslösen und das Fleisch wieder in die Suppe geben. Nochmals ein Liter Wasser nachfüllen, Flamme höher stellen und sobald die Brühe kocht die Suppennudeln hineingeben. Bei grosser Hitze, ohne Deckel zehn Minuten kochen lassen. Eier mit etwas Zitronensaft verquirlen und unter ständigem Umrühren in die Suppe laufen lassen. Butter hineinmischen sowie eine Prise Pfeffer und heiss zu Tisch bringen. Mit Zitronenachteln servieren.

Nudelsuppe mit Huhn — *Chorba bid djaj*

Zubereitung wie eines der oben beschriebenen Rezepte. Anstelle des Lammfleisch, Hühnerfleisch verwenden.

Nudelsuppe mit Fisch — *Chorba bil hout*

Zubereiten wie die Lammfleischsuppe, letzteres durch ein Pfund beliebige kleine Fische ersetzen. Fische abschuppen, sorgfältig abwaschen, pfeffern und salzen, etwa zwanzig Minuten vor Kochende in die Brühe geben. Nach der Garzeit, Fische herausnehmen, enthäuten Kopf und Gräten entfernen, Fische zerpflücken und wieder in die Brühe geben.

Suppe mit Hammelfüssen — *Hargma aalouch*

Hammelfüsse	**12**	**Pfeffer**	**1/2 Teelöffel**
Eier	**2**	**Harissa**	**1/2 Esslöffel**
altbackenes Brot	**1 bis 2 Baguette**	**Zitronensaft**	**1 Esslöffel**
Oel	**3 Esslöffel**	**Salz**	**nach Belieben**

Ein Dutzend Hammel-oder Lammfüsse säubern und Haare absengen, dann mit dem Messer die restlichen Unreinheiten abkratzen (oder beim Kaldaunenhändler säubern lassen). Die Füsse mit Seifenlauge kräftig abbürsten und abwaschen. Die Füsse in zwei Teile spalten, mit Salz und Pfeffer einreiben und in einen Topf geben. Oel und Harissa zufügen, mit zwei Liter Wasser auffüllen, aufs Feuer setzen, aufkochen lassen, bei schwacher Hitze und zugedecktem Topf garen. Die Füsse sind gar wenn sich das Fleisch von den Knochen lösen lässt und dieses leicht zwischen Daumen und Zeigefinger zerdrückt werden kann. Die Füsse herausnehmen und beiseite stellen. Die Brühe passieren und aufs Feuer zurücksetzen, wenn nötig, mit einem Glas Wasser auffüllen, kochen lassen.

Zwei Eier verquirlen und unter ständigen Rühren in die Brühe einlaufen lassen. Knochen von den Füssen auslösen, das Fleisch in kleine Würfel schneiden, in die Brühe geben, den Saft einer kleinen Zitrone in die Suppe giessen, Salz abschmecken. Mit den altbackenen oder gegrillten frischen Brotscheiben zu Tisch bringen.

Fischsuppe (nach Sfaxer Art) *Marqua Sfaxiya*

Fische[2]	**750 g**	**Oel**	**4 Esslöffel**
Zwiebeln	**50 g**	**Tomatenmark**	**1 Esslöffel**
Knoblauch	**4 - 5 Zehen**	**Harissa**	**1/2 Esslöffel**
Paprikaschoten	**2 - 3**	**Kümmel**	**1/2 Esslöffel**
Lorbeerblätter[1]	**2**	**Paprikagewürz**	**1/2 Esslöffel**
Zitrone	**eine**	**Pfeffer**	**1/2 Teelöffel**

Salz nach Geschmack

Fische abschuppen, enthäuten durch einen Schlitz an der Bauchseite ausnehmen, innen und aussen mit Salz und Pfeffer bestreuen und zur Seite legen. Knoblauch schälen, Kümmel verlesen und zusammen mit einem 1/2 Teelöffel Salz im Mörser zerstossen. Eine kleine Zwiebel feinhacken, sie während ein oder zwei Minuten im heissen Oel glasieren Das Tomatenmark mit ein Glas Wasser verdünnen, Harissa, Paprikagewürz zerdrückten Knoblauchzehen und Kümmel in den Topf geben, vermengen, und etwa 10 Minuten ziehen lassen. Mit einundeinhalb Liter Wasser auffüllen, zum Kochen bringen, die Fische dazugeben, zwei oder drei Paprikaschoten, die vorher durch einen kleinen Einschnitt mit dem Messer, von innen mit Salz gewürzt wurden und ein oder zwei Lorbeer blätter in die Brühe geben. Flamme kleiner stellen, während 20 bis 30 Minuten (je nach Fischart) bei zugedecktem Topf garen.

Anrichten : Sobald die Fische gar sind, herausnehmen, abtropfen lassen und auf einen Servierteller aufreifen. Die Brühe durchseihen und in einer Terrine heiss mit den Piments, altbachenem Brot und Zitronenscheiben servieren.

---

(1) nach Belieben

(2) Sbaris (Kleine Mittelmeerfische)

Die Salate und Vorspeisen

Paprikasalat *Hrous*

Süsse Paprikaschoten	**300 g**	**Kapern**	**25 g**
Scharfe Paprikaschoten	**200 g**	**Knoblauch**	**4 Zehen**
Thunfisch	**100 g**	**Oel**	**4 Esslöffel**
Oliven	**50 g**	**Carvikörner**	**1/2 Esslöffel**

Salz nach Geschmack

Die Knoblauchzehen schälen, mit dem Carvi und einem 1/2 Teelöffel Salz zerstossen. Die Kapern entstielen, den Thunfisch in kleine Würfel schneiden, die Oliven entkernen. Die Paprikaschoten waschen, Stiele, Kerne und Scheidewände herausschneiden, in kleine Stücke zerteilen und im Mörser zerstampfen. Den Paprikabrei auf ein Sieb geben, mit der Hand ausdrücken damit soviel wie möglich an Flüssigkeit verloren geht. Den Brei mit dem Knoblauch und Carvi würzen, Salz abschmecken und auf eine Salatplatte geben, mit Kapern, Oliven und Thunfisch garnieren. Oel drüber giessen und servieren.

Anchovissalat *Slatit anchoua*

Kartoffeln	**250 g**	**Zwiebel**	**eine**
Rote Beeten	**250 g**	**Eier**	**zwei**
Anchovis	**150 g**	**Oel**	**4 Esslöffe**
Petersilie	**50 g**	**Essig**	**2 Esslöffe**
Grüne Oliven	**50 g**	**Pfeffer**	**1/2 Teelöffe**
Schwarze Oliven	**50 g**	**Salz**	**nach Beliebe**

Die Anchovis (eingesalzene Sardinen) entgräten und zerpfücken. Zwiebel schälen un feinwiegen. Grosse Oliven wählen entkernen und halbieren. Die während 10 bis 1 Minuten gargekochten Eier schälen und sehr vorsichtig in Rondelle schneiden. Di Kartoffeln garkochen, schälen und in Rondelle schneiden. Rote Beeten ebenfall garkochen, schälen und wenn möglich in Rondelle gleicher Grösse wie die Kartoffel schneiden. Die Salattunke zubereiten.

Anrichten : Die zerpflückten Anchovisfilets, Petersilie und Zwiebel beides feingewoge und vermischt, turmartig inmitten einer Salatplatte anrichten. Rundherum abwechseln Kartoffeln oder rote Beeten legen. Auf jedes Rondell ein Scheibchen Ei und auf das E entweder eine grüne oder schwarze Olivenhälfte legen. Mit der Salattunke übergiesse und mit Salz und Pfeffer servieren.

Karottensalat

Slatit ommok houriya

Karotten	**500 g**	**Oel**	**4 Esslöffel**
Oliven[2]	**100 g**	**Essig**	**2 Esslöffel**
Weisskäse[1]	**100 g**	**Harissa**	**1 Esslöffel**
Knoblauch	**4 - 5 Zehen**	**Carvikörner**	**1/2 Esslöffel**

Salz nach Geschmack

Die Karotten schaben, in Rondelle schneiden und in kochendes Salzwasser während 40 Minuten garen. In der Zwischenzeit, die Knoblauchzehen schälen mit den Carvikörnern und einem 1/2 Teelöffel Salz im Mörser zerstossen. Das Harissa mit etwas Wasser verdünnen. Den Weisskäse in Stäbchen schneiden. Sobald die Karotten gar sind, herausnehmen und abtropfen lassen. Dann mit der Gabel zerdrücken und den Knoblauch, Harissa und Carvi unterheben. Die Mischung entweder auf eine Salatplatte geben oder auf die Teller verteilen, mit Oliven und Käsestäbchen garnieren und mit Olivenoel und Essig übergiessen. Servieren.

---

(1) und (2) Diese Zutaten können nach Belieben variert werden : hartgekochte Eierviertel oder Scheiben, Thunfisch in Oel, Oelsardinen, Kapern, Anchovis usw...

Auberginensalat

Slatit badhinjan

Auberginen	**750 g**	**Oel**	**4 Esslöffel**
Holländer Käse	**100 g**	**Essig**	**2 Esslöffel**
Oliven	**100 g**	**Harissa**	**1 Esslöffel**
Knoblauch	**eine Zwiebel**	**Tabil**	**1/2 Esslöffel**

Salz nach Geschmack

Die Auberginen waschen, der Länge nach mehrmals einritzen und in jede Ritze eine Knoblauchzehe stecken. Die Auberginen während 25 bis 30 Minuten im Backofen bei Mittelhitze garen. Öfter umdrehen, Das Harissa mit etwas Wasser verdünnen. Den Käse in Stäbchen schneiden. Die Oliven entkernen. Sobald die Auberginen gar sind (die Schale muss schwärzlich und gerunzelt sein) herausnehmen, die Stielenden abschneiden, schälen und mit der Gabel zerdrücken, die Knoblauchzehen mit zerdrücken. Das Harissa und den Tabil unterheben, salzen, Essig und Oel zugeben und gut vermischen. Den Salat auf eine Platte oder direkt auf die Teller verteilen, nach Belieben mit den Oliven und Käsestäbchen oder mit : Thunfisch und Kapern, Eischeiben und Anchovisfilets usw garnieren.

Tunesischer Salat *Slata tounsiya*

Tomaten	300 g	Eier	zwei
Paprikaschoten (süss)	200 g	Oliven	50 g
Paprikaschoten (scharf)	100 g	Zitrone	eine
Reife Zwiebeln	100 g	Oel	3 Esslöffel
Weisskäse	100 g	Essig	1 Esslöffel
Thunfisch	100 g	getr. Minze	einige Stiele

Salz nach Geschmack

Die zwei Eier hartkochen, schälen und in Scheiben oder Viertel schneiden. Den Käse in Stäbchen, den Thunfisch in Stückchen und die Zitrone in feine Scheiben schneiden. Die Oliven entkernen. Die trockene Minze zwischen den Handflächen zerreiben. Die Tomaten und Paprikaschoten reinigen Kerne auslösen und in kleine Würfel schneiden.

Anrichten : Das Gemüse vermischen, mit der trockenen Minze und Salz würzen und auf eine Salatplatte geben. Mit Essig und Olivenoel übergiessen, mit den Käsestäbchen, Thunfisch, Eierviertel, Oliven und Zitronenscheiben garnieren. Servieren.

Abwandlungen

Tunesischer Salat mit Äpfeln ***Slata tounsiya bit tiffah***

Tunesischer Slata mit Radieschen ***Slata tounsiya bil Fjill***

Tunesischer Salat mit Portulak *Slata tounsiya bil bindlaqua*

Die gleiche Zubereitung wie der tunesische Salat, nur entweder einen kleinen Apfel, geschält und gewürfelt, oder einige Radieschen in feine Scheiben geschnitten oder aber die kleingehackten Blätter eines Bündchen Portulak untermischen.

Gemischter Tunesischer Salat *Slata tounsiya hliqs*

Tomaten	**250 g**	**Reife Zwiebel**	**eine kleine**
Paprikaschoten	**200 g**	**Apfel**	**einen**
Gurken	**200 g**	**Eier**	**zwei**
Petersilie	**50 g**	**Oel**	**4 Esslöffel**
Sellerie	**50 g**	**Essig**	**2 Esslöffel**
Schwarze Oliven	**50 g**	**Schwarzer Pfeffer**	**1/2 Teelöffel**
Anchovis	**50 g**	**Salz**	**nach Belieben**

Feste Tomaten entkernen und der Breite nach in feine Scheiben schneiden. Die reife Zwiebel in Ringe schneiden.

Die Paprikaschoten entkernen und ebenfalls in Ringe schneiden. Die Gurken abschaben, aushölen und in feine Scheiben schneiden. Das Kerngehäuse aus dem Apfel ausstechen und ebenfalls in feine Ringe schneiden.

Die hartgekochten Eier in Scheiben schneiden, das Eigelb herausnehmen und zerdrücken. Das Weisse so lassen. Oliven entkernen, Petersilie und Sellerie verlesen, waschen und feinwiegen. Die Anchovis zerrupfen Essig, Oel, Pfeffer und Salz verschlagen.

Anrichten : Die Gemüse, Eiweiss - und Apfelringe auf eine Salatplatte anrichten. Mit den zerrupften Anchovis, dem Eigelb, Petersilie und Sellerie bestreuen. Den Salat mit den Oliven garnieren, die Salattunke übergiessen und servieren.

Rotebeeten Salat

Slatit lift ahmar

Rote Beeten	**300 g**	**Eier**	**vier**
Schwarze Oliven	**100 g**	**Zwiebel**	**eine kleine**
Grüne Oliven	**50 g**	**Oel**	**4 Esslöffel**
Petersilie	**50 g**	**Essig**	**2 Esslöffel**
Anchovis	**50 g**	**Pfeffer**	**1/2 Teelöffel**

Die Anchovis abwaschen und während zwei Stunden in frischem Wasser weichen lassen. Abspülen, die Gräten entfernen und die Filets auf einer Platte anrichten. Die grossen grünen Oliven mit dem dafür bestimmten Gerät entkernen und halbieren. Diese zwei Zutaten beiseite stellen für die Garnitur.

Junge und zarte Rote Beeten aussuchen. Entweder ganz im Ofen überbacken oder in Scheiben geschnitten in kochendes Salzwasser garkochen. Dann in kleine Würfel schneiden. Eier hartkochen, abkühlen und schälen ebenfalls in kleine Stücke schneiden. Oliven, grosse und fleischige schwarze wählen, abwaschen und sehr kleinhacken. Petersilie verlesen und feinwiegen. Eine kleine Zwiebel schälen und reiben. Alles vermischen, mit Salz und Pfeffer nach Geschmack würzen.

Anrichten : Die Mischung turmartig auf einen Salatteller anrichten, mit Oel und Essig übergiessen und mit grünen Olivenhälften und Anchovisfilets dekorieren.

Gemischter Salat

Slatit fondoq il ghalla

Frische Erbsen	**250 g**	**Kapern**	**25 g**
Kartoffeln	**200 g**	**Artischockenböden**	**6**
Kleine Möhren	**200 g**	**Eier**	**zwei**
Rote Beeten	**200 g**	**Oel**	**4 Esslöffel**
Oliven	**50 g**	**Essig**	**2 Esslöffel**
Thunfisch	**50 g**	**Pfeffer und Salz**	**nach Belieben**

Die Erbsen enthülsen, frische Artischockenböden säubern. Die Kartoffeln und rote Beeten schälen, Möhren abschaben, die Gemüse in nussgrosse Stücke schneiden und in Salzwasser mit den Erbsen garen. Nach der Garzeit in einem Sieb abtropfen lassen. Die Eier hartkochen, Schale entfernen und in Viertel oder Stücke schneiden. Die Kapern entstielen, Oliven entkernen und den Thunfisch in kleine Würfel schneiden.

Anrichten : Alle Zutaten vermischen, mit Salz und Pfeffer abschmecken, die Mischung auf eine Salatplatte geben, mit Essig und Olivenoel übergiessen und servieren. Anstelle des Thunfisch, mit Anchovisfilets und Käsestäbchen garnieren.

Gegriller Salat

Slata michwiya

Tomaten	**250 g**	**Knoblauch**	**zwei Zehen**
Paprikaschoten (süss)	**250 g**	**Zitrone**	**eine**
Paprikaschoten (scharf)	**100 g**	**Zwiebel**	**eine**
Thunfisch	**100 g**	**Oel**	**4 Esslöffel**
Oliven	**100 g**	**Carvikörner**	**1/2 Esslöffel**
Eier	**zwei**	**Salz**	**nach Geschmack**

Zwei hartgekochte Eier vierteln. Die Knoblauchzehen schälen und zusammen mit den Carvikörnern sowie einer grossen Prise Salz im Mörser zerdrücken. Die Oliven entkernen und den Thunfisch in Stücke schneiden. Die Tomaten, süsse und scharfe Paprikaschoten sowie eine mittelgrosse Zwiebel im Ofen oder auf der Kohlenglut grillen. Das Gemüse mehrmals umdrehen damit es gleichmässig gegrillt wird. Nach dem Grillen, abwaschen, entstielen, Haut abziehen, in Stücke schneiden und alles im Mörser zerstossen. Die Mischung mit Salz abschmecken den zerdrückten Knoblauch und Carvi unterheben.

Anrichten : den Salat auf eine Platte geben, mit Oel und den Saft einer Zitrone übergiessen und mit den Oliven, Thunfisch und Eierstückchen garnieren. Servieren.

Canapes mit Michwiya

Slatit blanquit

Tomaten	250 g	Eier	zwei
Paprikaschoten (süss)	250 g	Knoblauch	2 - 3 Zehen
Paprikaschoten (scharf)	100 g	Reife Zwiebel	eine
Thunfisch	100 g	Oel	4 Esslöffel
Holländer Käse(1)	50 g	Essig	2 Esslöffel
Oliven	50 g	Harissa	1/2 Esslöffel
Kapern	25	Carvikörner	1/2 Esslöffel
Wiener Brot	zwei	Salz	nach Geschmack

Die Knoblauchzehen schälen mit dem Carvi und einem 1/2 Teelöffel Salz im Mörser zerstossen. Die Zwiebel, Tomaten, scharfe und süsse Paprikaschoten im Ofen oder auf der Holzkohle grillen. Die Gemüse abwaschen, Haut abziehen, entkernen und in sehr kleine Würfel schneiden, Das Ganze gut vermischen und die zerdrückten Gewürze hineingeben. Beiseite stellen. Den Käse und Thunfisch in Stückchen schneiden. Die Oliven entkernen und Kapern entstielen. Die Eier hartkochen und in Scheiben schneiden oder vierteln. Das Oel, Essig und Harissa mit einem Glas Wasser vermischen und die Tunke mit Salz abschmecken.

Das Brot, oder ein dickes Baguette vom Vortag in fingerdicke Scheiben schneiden, einzeln in die Tunke tauchen und nach und nach auf eine Platte oder direkt auf die Teller anrichten. Den Salat auf die Brotscheiben legen mit Oliven, Kapern, Thunfisch, Käse und Eier garnieren. Servieren.

---

(1) Der Käse kann auch durch andere Garnituren ersetzt werden.

Tunesischer Sandwich *Chatira tounsiya*

Ein kleines Weissbrot in Form eines Schiffes, oder die Hälfte eines Baguette oder kleines Brot wie «Tabouna» seitlich einschneiden. Zwischen den Brotklappen nach Belieben ein oder zwei Esslöffel folgender Salat legen : Houriya, Tounsiya, Michwiya oder sonstiger. Ein Esslöffel Oel einen Guss Essig und ein wenig Harissa mit sehr wenig Wasser verdünnt über den Salat träufeln. Das Ganze mit zwei oder drei Kartoffelscheiben (gekocht) eine oder zwei dünnen Scheiben frischen Tomaten, einige Stückchen gebeiztes Gemüse (ommalah) drei oder vier entsteinten Oliven, einige Kapern auffüllen und zuletzt den Thunfisch (Hauptzutat) zerbröckelt oder in kleine Würfel geschnitten übergeben. Die Brotscheiben wieder zusammenklappen und das gefüllte Brot servieren.

Canapes mit Käse Slatit blanquit

Schweizer Käse	**100 g**	**altbackenes Brot**	**2 Baguettes**
Holländer Käse	**100 g**	**Eier**	**zwei**
Thunfisch	**100 g**	**Oel**	**4 Esslöffel**
Gemüseallerlei gebeizt	**100 g**	**Essig**	**2 Esslöffel**
Oliven	**50 g**	**Harissa**	**1/2 Esslöffel**
Kapern	**50 g**	**Salz**	**nach Geschmack**

Die Eier hartkochen, unter dem Wasserhahn erkalten, schälen und in Stücke schneiden. Das gebeizte Gemüse, den Käse, die Oliven, Kapern und Thunfisch in kleine Würfel schneiden. Das Oel, Essig und Harissa mit einem Glas Wasser vermischen und die Tunke mit Salz abschmecken.

Die zwei Baguettes vom Vortag in fingerdicke Scheiben schneiden, einzeln in die Tunke tauchen und nach und nach auf eine Platte oder direkt auf die Teller anrichten und gleichmässig mit den zerkleinerten Zutaten garnieren.

Tunesischer Teller *Shann tounsi*

Gebeiztes Gemüse[2]	50 g	Kartoffeln	eine
Eingelegte Zitrone	50 g	Eier	eins
Oliven	50 g	Salat (nach Wahl)	2 Esslöffel
Thunfisch	25 g	Olivenoel	2 Esslöffel
Piment «Bar abid»[1]	vier	Kapern	1/2 Esslöffel
Frische Tomaten	eine	Essig	1 Teelöffel

Harissa : 1/2 Teelöffel

Die Kartoffel garkochen, schälen und in Scheiben schneiden. Ein Ei während drei oder vier Minuten im kochenden Wasser garen und sofort unter dem Wasser erkalten damit es nicht zu hart wird. Die Oliven entsteinen. Die Tomaten in feine Scheiben schneiden. Das Harissa in ein wenig Wasser verdünnen.

In der Mitte eines flachen Tellers zwei Esslöffel eines tunesischen Salat Ihrer Wahl geben. Rund um den Salat die Tomaten- und Kartoffelscheiben sowie die fein zerkleinerten Gemüse legen. Mit Kapern, Oliven, Sudanesischen Piments und Thunfisch garnieren. Alles mit ein wenig Olivenoel überträufeln, das Ei vorsichtig aufschlagen und mit einem Teelöffel aushöhlen und über die Zutaten geben.

---

(1) Sehr scharfe kleine rote Paprikaschoten in einer Salzlösung

(2) Verschiedene Gemüse in Stückchen geschnitten und in eine Beize gelegt.

Siehe Kapitel Konserven

Die Gemüse

Gebackenes Gemüse *Tastira*

Tomaten	**350 g**	**Knoblauch**	**4 Zehen**
Paprikaschoten (süss)	**250 g**	**Carvikörner**	**1/2 Esslöffel**
Paprikaschoten (scharf)	**100 g**	**Oel zum Ausbacken**	**nach Bedarf**
Eier	**vier**	**Salz und Pfeffer**	**nach Geschmack**

Die Knoblauchzehen schälen mit den Carvikörner und einer grossen Prise Salz im Mörser zerstossen. Die Tomaten und Paprikaschoten putzen, Stengel, Scheidewände und Samen herausnehmen. Oel erhitzen zuerst die scharfen Paprikaschoten darin ausbacken und beiseite stellen. Dann die Tomaten und süssen Paprikaschoten. Die zwei Gemüse sehr feinhacken und mit dem zerstossenen Carvi und Knoblauch würzen. Diese Masse auf die Teller anrichten. Die Eier im Oel backen, einzeln mit der Schöpfkelle herausnehmen und auf die Tomaten / Paprikamischung legen. Mit Salz und Pfeffer bestreuen sowie mit einen oder zwei Löffel Ausbackoel überträufeln und mit den scharfen Paprikaschoten garnieren. Die Tastira wird im allgemeinen zu Fisch serviert, oder zu Grillwürstchen. Das Gemüse kann auch mit Pommes frites garniert werden.

Kaftagi Nach «Hausfrauenart» *Kaftagi dyari*

Hackfleisch	250 g	Petersilie (gehackt)	1 Esslöffel
Kartoffeln	250 g	Zitrone	eine
Tomaten	250 g	Paprikagewürz	1/2 Esslöffel
Paprikaschoten (süss)	250 g	Tabil	1/2 Teelöffel
Paprikaschoten (scharf)	150 g	Oel zum Ausbacken	nach Bedarf
Eier	vier	Pfeffer	nach Geschmack
Zucchini	eine	Salz	nach Geschmack

Das Hackfleisch mit Tabil und Paprikagewürz vermischen, Salz nach Geschmack zugeben, kleine Bällchen in nussgrösse daraus formen. Die Tomaten halbieren, leicht drücken um die Kerne zu entfernen. Die Paprikaschoten oben abschneiden und mit einem Zuge das Kerngehäuse und den Stiel entfernen. Eine kleine Zucchini abschaben, Spitzen abschneiden, in Rondelle schneiden und die Kerne herausnehmen. Die Kartoffeln schälen, eine Hälfte in Rondelle schneiden und die andere in Stifte oder Stäbchen.

Ausbackoel erhitzen. Zuerst die Fleischbällchen darin ausbacken, dann die scharfen Paprikaschoten und die Kartoffelstäbchen, abtropfen und beiseite stellen. Die Tomaten, Paprikaschoten, Zucchini, - und Kartoffelscheiben backen. Das Gemüse abtropfen lassen und in kleine Stücke zerhacken oder in Würfel schneiden mit Salz und Pfeffer abschmecken. Zuletzt die Eier eines nach dem anderen in dem Oelrest ausbacken und mit Salz und Pfeffer bestreuen.

Anrichten : Die Gemüsemischung auf eine Platte oder direkt auf die Teller geben, die Eier auf die Mischung legen und mit den scharfen Paprikaschoten und Kartoffelstäbchen garnieren. Alles mit einen oder zwei Löffel Ausbackoel überträufeln. Petersilie überstreuen und servieren.

Kaftagi mit Leber — *Kaftagi bil Kibda*

Anstelle der Fleischbällchen, Leber in regelmässige Würfel geschnitten, verwenden.

Kaftagi mit Merguez — *Kaftagi bil Merguez*

Die Fleischbällchen durch frische Würstchen (2 pro Person) vom Metzger oder hausgemacht ersetzen.

Kaftagi «Komplett» — *Kaftagi kamil*

Zubereitung wie das Grundrezept, ausser den Fleischbällchen ebenfalls die frischen Würstchen und die Leber verwenden.

Chakchouka mit Tomaten und Paprika(2) — *Chakchoukit tmatim wa filfil*

Tomaten	**500 g**	**Eier**	**vier**
Paprikaschoten (süss)	**300 g**	**Oel**	**6 Esslöffel**
Reife Zwiebeln	**250 g**	**Harissa**	**1/2 Esslöffel**
Paprikaschoten (scharf)	**100 g**	**Paprikagewürz**	**1/2 Esslöffel**

Salz nach Geschmack

Die Tomaten und Paprikaschoten entkernen und in Stücke schneiden. Zwiebeln schälen *und grobhacken. Oel in einem Topf erhitzen und die Zwiebeln einige Minuten darin rösten.* Die Tomaten und Paprika zugeben sowie das Harissa und Paprikagewürz mit einem kleinen Glas Wasser auffüllen, zum Kochen bringen und bei schwacher Hitze zugedeckt 20 Minuten dünsten lassen. Sobald das Gemüse weich ist und die Sosse auf ein Minimum reduziert ist, mit Salz abschmecken, die Eier (eins pro Person) einzeln in die Sosse geben, sie müssen separat in der Sosse schwimmen, ein oder zwei Minuten warten, vom Feuer nehmen und servieren.

(2) Grundrezept

Chakchouka mit Tomaten, Paprika und Quadid — *Chakchoukit tmatim wa filfil wa quadid*

Gleiches Rezept wie vorgenanntes, zur gleichen Zeit mit den Zwiebeln das Dörrfleisch und getrocknete Würstchen in den Topf geben. Die Garzeit verlängern bis das Fleisch gar ist.

Chakchouka mit Tomaten, Paprika und Frischen Wurstchen — *Chakchoukit tmatim wa filfil bil mirguez*

Gleiche Zubereitung wie das Grundrezept. Bei Kochbeginn einige frische Würstchen, halbiert zugeben.

Chakchouka mit Tomaten, Paprika und Geflügelklein — *Chakchoukit tmatim wa filfil bil quwaniz*

Gleiche Zubereitung wie das Grundrezept. Die Innereien vom Huhn oder Pute wählen, Die obere Partie des Herzen entfernen, die Leber von der Galle befreien, die Magenwände gründlich säubern und sehr sorgfältig abwaschen, in Stücke schneiden mit Salz und Pfeffer einreiben und zu Kochbeginn zugeben.

Chakchouka mit Tomaten, Paprika und Fleischbällchen — *Chakchoukit tmatim wa filfil bil kaabar*

150 Gramm Hackfleisch mit Tabil, Salz und Pfeffer nach Geschmack würzen, Bällchen daraus formen und zu Kochbeginn in die Sosse geben.

Chakchouka «Nabeuler Art» — *Chakchoukit nabliya*

Zubereitung wie das Grundrezept. Die Zwiebeln weglassen und folgende Gewürze zugeben : drei oder vier Knoblauchzehen mit einem halben Teelöffel zerdrückten Carvi.

Gefüllte Artischocken *Gannariya mihchiya*

Hackfleisch	**200 g**	**Oel**	**6 Esslöffel**
Parmesankäse	**25 g**	**Tomatenmark**	**1 Esslöffel**
Petersilie (gehackt)	**50 g**	**Harissa**	**1/2 Esslöffel**
Artischocken	**8 - 10**	**Paprikagewürz**	**1/2 Esslöffel**
Eier	**drei**	**Tabil**	**1/2 Esslöffel**
Zwiebeln	**eine**	**Pfeffer**	**1/2 Teelöffel**
Zitrone	**eine**	**Salz**	**nach Belieben**

Die äusseren Blätter von 8 bis 10 Artischocken abreissen (zwei pro Person), den unteren Teil mit dem Messer säubern und oberes Teil um ein Viertel mit der Schere kürzen. Sorgfältig waschen und mit Zitronensaft einreiben. Während 15 Minuten in heissem Wasser und auf kleiner Flamme weich werden lassen. Herausnehmen und abtropfen lassen. Das Mittelstück und einen Teil der Innenblätter sowie das Stroh mit einem Messer aushöhlen, sodass die Böden die Form eines Glas annehmen.

Eine kleine Zwiebel schälen und feinwiegen, mit dem Gehacktes und der Petersilie vermischen. Mit Tabil, Salz und Pfeffer würzen und einen Esslöffel Oel zugeben. Das Fleisch in einen Topf, ohne Flüssigkeit, während zehn Minuten unter ständigem Umrühren andünsten. Von der Flamme nehmen und erkalten lassen. Die rohen Eier und den Reibkäse hinzufügen, sorgfältig vermischen, salzen und pfeffern und mit der Farce die Artischocken füllen.

In einer Auflaufform Oel, Tomatenmark, Harissa, Paprikagewürz mit einem Glass kalten Wasser vermischen, die gefüllten Artischocken darin aufreihen und bei Mittelhitze im Backofen während 15 bis 20 Minuten überbacken. Salz abschmacken und servieren.

Gefüllte Auberginen *Badhinjan mihchi*

Stiele von vier gleichgrossen Auberginen entfernen und sie der Länge nach halbieren. Das Innere teilweise aushöhlen, am besten mit einem Löffel und beiseite stellen. Die gleiche Farce wie die der Artischocken zubereiten, nur das Fruchtfleisch sowie eine Handvoll gekochten Reis mit untergeben. Die Auberginen damit füllen und weiter zubereiten wie die gefüllten Artischocken.

Gefüllte Paprikaschoten

Filfil mihchi

Paprikaschoten	500 g	Eier	vier
Hackfleisch	200 g	Paprikagewürz	1/2 Esslöffel
Petersilie	150 g	Tabil	1/2 Esslöffel
Zwiebeln	100 g	Pfeffer	1/2 Teelöffel
altbackenes Brot	100 g	Salz	nach Belieben

Oel für die Farce und zum Ausbacken

Rote oder grüne und süsse Paprikaschoten wählen, nicht zu gross und gerade gewachsen. Die Schoten von Kernen, Stielen und Scheidewänden befreien. Das altbackene Brot reiben, durchsieben und beiseite stellen.

Die Zwiebeln schälen und feinwiegen. Petersilie waschen und kleinhacken. Hackfleisch, Petersilie, Zwiebeln, einen Esslöffel Oel und einen Guss Wasser in einen Topf geben mit Tabil, Salz und Pfeffer würzen, sorgfältig vermischen und auf kleiner Flamme garen lassen bis alle Flüssigkeit verdunstet ist. Von der Flamme nehmen, erkalten lassen. Die rohen Eier, Semmelmehl, Paprikagewürz und noch einen kleinen Teelöffel Harissa unter das Fleisch geben. Salzen und die Paprikaschoten mit der Farce füllen. Oel in einer Pfanne erhitzen, die Paprikaschoten zuerst an der abgeschnittenen Seite braten und dann von allen Seiten. Abtropfen lassen und warm stellen. Eine Tomatensosse zubereiten, wie am Anfang dieses Kapitel beschrieben.

Anrichten : Die gefüllten Paprikaschoten kann man wie folgt servieren :

1) Die Schoten auf eine Platte aufreihen, mit grünen Salatblättern und fritierten Kartoffelstäbchen garnieren. Die Sosse extra reichen.

2) Die Schoten direkt auf die Teller verteilen und mit der Sosse übergiessen. Heiss servieren.

Mit Riesenbarsch gefüllte Paprika

Filfil mihchi bil mannani

Gleiches Rezept wie vorgenanntes. Das Fleisch durch die gleiche Menge Riesenbarsch in kleine Würfel geschnitten, ersetzen.

Die Briks und gefüllten Teigwaren

Teig für Briks *La malsouqua*

Die Briks sind überall zu kaufen, ob in grossen Kaufhäusern ober beim Krämer um die Ecke, aber wenn Sie sie selbst gerne herstellen möchten, hier ist das Rezept :

Einen Teig ohne Hefe herstellen mit 250 g sehr feinem Griesmehl, eine grosse Prise Salz und nur soviel Wasser zugeben bis der Teig geschmeidig wird aber doch fest ist. Den Teig eine Stunde ruhen lassen. Nun den Teig solange kneten, unter Zugabe von Wasser, aber nur immer in kleinen Mengen, bis der Teig griffig wird und sich von selbst ausbreitet.

Eine Heizplatte aus Kupfer, extra für die Herstellung von Briks bestimmt, bei schwacher Hitze erwärmen. Die Hand in Wasser tauchen und von dem Teig einen Ballen in Orangengrösse abzwicken. Den Teigballen über die warme Platte halten, den Teig nach unten ziehen lassen und wenn er soeben die Platte berührt sofort wieder hochziehen und so weitermachen bis die ganze Platte mit einem dünnen Film Teig bedeckt ist. Sobald der feine Fladen trocknet, vorsichtig ablösen und auf ein Tuch betten. Weitermachen bis der Teig aufgebraucht ist. 250 g Griesmehl ergeben etwa 18 bis 20 Briks. Die Fladen müssen sehr leger und hauchdünn sein.

Dieser Teig, der eine sehr erfahrene Hand verlangt um zu gelingen, wird sehr häufig in der tunesischen Küche angewandt vor allem bei süssen Gerichten : Ourta, brikit hlib samsa, zriga, tajine malsouqua, briks usw...

Brik «Essafsaf»[1] *Brik Essafsaf*

Oel in einer Pfanne erhitzen, eine Malsouqua auf einen flachen Teller legen, ein rohes Ei aufschlagen, in die Mitte geben, mit einer Prise Salz bestreuen, den Fladen zusammenschlagen. Den Teller nahe der tiefen Pfanne bringen und den Brik in das heisse Oel gleiten lassen. Von beiden Seiten leicht goldbraun ausbacken, mit der Schöpfkelle herausnehmen. In einem Sieb abtropfen lassen und sofort mit Zitronenviertel servieren.

---

(1) Essafsaf : Originelles Café-Restaurant in La Marsa, einem Seeort nördlich von Tunis.

Brik mit Gehacktes (Hausfrauenart) — *Brik dyari bil lham*

Eier	vier	Gehacktes	150 g
Brik	vier	Gesalzene oder frische Butter	15 g
Zwiebel	eine	Oel	zum Ausbacken
Zitrone	eine	Salz	nach Geschmack
Petersilie	einige Stiele	Pfeffer	nach Geschmack

Das Gehacktes und die feingewogene Zwiebel, Salz und Pfeffer vermischen und in einen kleinen Topf geben. Die gesalzene oder frische Butter hinzufügen sowie zwei Esslöffel Wasser und die Mischung auf kleiner Flamme unter öfterem Umrühren garen bis alles Wasser verdunstet ist. Die Mischung aus dem Topf nehmen, im Mörser zerstossen, das gehackte Petersilie untermischen, wieder in den Topf geben und unter ständigem Rühren mit einem Holzlöffel nochmals zwei oder drei Minuten dünsten. Abschmecken und vom Feuer nehmen.

Die Seiten eines Briks einschlagen, damit ein Viereck entsteht. Ein Viertel der Farce im Halbkreis in der Mitte verteilen, ein rohes Ei darübergeben, den Fladen zusammenschlagen, sodass ein Dreieck entsteht. Oel in einer Pfanne erhitzen, die Briks darin ausbacken. Servieren wie Brik mit Thunfisch.

N.B. In die Farce kann auch ein Esslöffel geriebener Schweizer Käse oder Parmesan gegeben werden.

Brik mit Huhn (Hausfrauenart) — *Brik dyari bid djaj*

Zubereitung wie vorgenanntes Rezept, anstelle des Fleisches eine zerkleinerte Hühnerbrust verwenden.

Brik mit Thunfisch (Hausfrauenart) *Brik dyari bit toun*

Thunfisch	**50 g**	**Zitrone**	**eine**
Brik (Fladen)	**4**	**Pfeffer**	**nach Geschmack**
Eier	**4**	**Ausbackoel**	**nach Bedarf**

Den Thunfisch zerrupfen oder in kleine Würfel schneiden. Oel in der Pfanne erhitzen. Die Fladen einzeln auf einen Teller legen, die Seiten einschlagen somit ein Viereck entsteht. Den Thunfisch in der Mitte im Kreis verteilen, ein rohes Ei in den Kreis geben, mit einer Prise Pfeffer überstreuen, diagonal zusammenlegen, der Brik hat nun die Form eines Dreieck. In das heisse Oel gleiten lassen und von beiden Seiten golden ausbacken. Das Ei sollte nicht zu hart werden und der Thunfisch seinen vollen Geschmack behalten. Sofort servieren, denn das Ei härtet noch solange der Brik heiss ist. Die Briks werden immer mit Zitronenviertel serviert.

Brik «La Goulette»(1) *Brik halq il wad*

Eier	**4 - 5**	**Knoblauchzehen**	**zwei**
Fladenteig	**4 - 5 Ballen**	**Pfeffer**	**nach Geschmack**
Zwiebeln	**eine kleine**	**Salz**	**nach Geschmack**
Petersilie	**einige Stiele**	**Oel**	**nach Bedarf**

Die Knoblauchzehen schälen. Petersilie verlesen und sehr feinhacken. Die kleine Zwiebel schälen und feinwiegen. Die Zutaten zusammen mit einer Prise Salz und Pfeffer im Mörser zerstossen.

Einen Teig für die Fladen herstellen, allerdings etwas weniger griffig wie das vorgenannte Rezept und Ballen in Nussgrösse formen. Diese Ballen mit Oel einreiben, damit sie nicht zusammenkleben und auf einen Teller legen. Einen Ballen auf eine geölte Marmorplatte legen, ausrollen bis ein ziemlich grosser, runder und feiner Fladen entsteht. In der Mitte des Fladens einen kleinen Löffel Farce geben, ein rohes Ei darüberschlagen, den Fladen zusammenschlagen, um das Ei etwas eindrücken, den Brik vorsichtig mit beiden Händen fassen und in das heisse Fett gleiten lassen. Nur für eine Minute ausbacken, das Ei sollte weich bleiben, mit der Schaumkelle herausnehmen, abtropfen lassen und mit einem Zitronenviertel servieren.

---

(1) Strand im Norden von Tunis

Gefüllte Teigwaren *Maassim il malsouqua*

Fleisch ohne Knochen	500 g	Zwiebel	eine
Kartoffeln	250 g	Zitrone	eine
Schweizer Käse	100 g	Ausbackoel	nach Bedarf
Briks	12	Pfeffer	nach Geschmack
Eier	vier	Salz	nach Geschmack

Eine Zwiebel schälen und feinwiegen. Zwei Esslöffel Oel in einen Topf oder vorzugsweise einen kleinen Römertopf erhitzen. Das Fleisch in kleine Würfel schneiden, mit Salz und Pfeffer würzen und einige Minuten im Topf mit der feingeschnittenen Zwiebel anbraten. Ein Glas Wasser zugiessen, zum Aufkochen bringen, Flamme kleiner stellen und bei zugedecktem Topf während 30 Minuten garen.

Die Kartoffeln während 20 Minuten in Salzwasser garkochen, schälen. Ebenso zwei Eier hartkochen und schälen. Die Kartoffeln, harten Eier und den Käse in gleichmässige Würfel schneiden. Wenn das Fleisch gar ist und die Flüssigkeit vollkommen verdunstet ist, erkalten lassen. Dann die Kartoffel-, Eier-, und Käsewürfel zu dem Fleisch geben. Das Ganze mit zwei rohen Eiern vermischen und mit Salz und Pfeffer abschmecken.

Die Fladen einzeln auf einen Tisch ausbreiten, etwa einen Esslöffel Farce am unteren Rand auflegen, sie so formen das ein fingerdicker Stab entsteht, die Seiten zusammenschlagen, bei der Farce anfangen, den Brik vorsichtig aufrollen, am Ende hat der Brik die Form einer dicken Zigarre. Oel in einer ziemlich tiefen Pfanne erhitzen, die gefüllten Fladen darin golden ausbacken, abtropfen lassen und sofort mit Zitronenachteln servieren.

Gefüllter Brik *Samsa malha*

Abwandlung

Eine Farce wie im vorgenannten Rezept herstellen. Die Briks einzeln auf den Tisch ausbreiten, am unteren Rand des Fladen einen Esslöffel Farce legen, die Seiten einschlagen, sodass ein Rechteck von 5 Zentimeter Breite entsteht, diagonal zusammenschlagen, solange wiederholen bis sie wie in einem dreieckigem Beutel eingebettet ist und das Ende in den letzten Falten einschieben damit er sich nicht öffnet. Die Briks ausbacken und so reichen wie vorgenanntes Rezept.

Gefüllte und fritierte Briks *Brik dannouni*

Mehl	**1 Kg**	**Geriebener Schweizer Käse**	**50 g**
Hackfleisch	**500 g**	**Eier**	**sechs**
Gesalzene oder frische Butter	**60 g**	**Salz und Pfeffer**	**nach Belieben**
Parmesankäse	**50 g**	**Oel zum Ausbacken und für den Teig**	**nach Bedarf**

Mehl auf ein Brett oder den Tisch sieben, eine Vertiefung machen, einen Teelöffel Salz, ein Glas Oel und die gesalzene oder frische Butter hineingeben, alles gut vermischen, ein Glas Wasser zuschütten und den Teig verarbeiten bis er fest und doch geschmeidig ist. Den Teig noch zweimal durcharbeiten und eine halbe Stunde ruhen lassen.

In der Zwischenzeit, das Hackfleish in einen feuerfesten Tontopf geben oder aber in eine Kasserolle mit dicken Boden, mit Salz und Pfeffer würzen, eine Nuss frische oder salzige Butter zufügen auf kleiner Flamme unter ständigem Umrühren garen bis der Fleischsaft gänzlich verdunstet ist. Zwei Esslöffel Oel in einer Pfanne erhitzen Eier darin schlagen, eine Prise Salz über die Eier streuen, das Eigelb und Eiweiss miteinander vermischen, die Eier fest werden lassen. Die Eier abtropfen lassen und zerkleinern. Fleisch, Eier und geriebenen Käse vermischen und beiseite stellen.

Oel in einer tiefen Pfanne erhitzen. Den Teig auf ein mit Mehl bestreutes Backbrett auf einen halben Zentimeter Dicke ausrollen und Rondelle von 7 bis 8 Zentimeter Durchmesser ausstechen. (Eventuell mit einer kleinen Schüssel). In der Mitte eines jeden Rondells einen Esslöffel Farce geben. Die untere Hälfte über die Farce ziehen, festdrücken und die überstehenden Reste abradeln. Die gefüllten Teigwaren nach und nach von beiden Seiten goldbraun in Fett ausbacken, abtropfen lassen und sofort servieren.

Die Aijjas (Eierspeisen)

Einfache Aijja — *El aijja el bassita*

Eier	vier	Harissa	1 Esslöffel
Knoblauchzehen	vier	Carvikörner	1/2 Esslöffel
Oel	4 Esslöffel	Paprikagewürz	1/2 Esslöffel
Tomatenmark	2 Esslöffel	Salz	nach Geschmack

Knoblauchzehen schälen und zusammen mit dem Carvi und einer grossen Prise Salz im Mörser zerstossen. Das Tomatenmark in ein Glas Wasser verdünnen. Oel erhitzen, Tomatenmark, Harissa, Paprikagewürz und die zerdrücktenGemürze zu dem Oel geben, aufkochen lassen, Flamme kleiner stellen und bei zugedecktem Topf während 20 Minuten ziehen lassen. Von Zeit zu Zeit umrühren und wenn nötig Wasser nachfüllen. Die rohen Eier aufschlagen in die Sosse geben, gut vermischen und die Sosse etwas beikochen lassen. Salz abschmecken und heiss servieren. Die Aijja sollte die Festigkeit eines Omelett haben.

Aijja mit Paprikaschoten — *Aijja bil hrous*

Süsse Paprikaschoten	150 g	Tomatenmark	2 Esslöffel
Frische Piments	100 g	Harissa	1 Esslöffel
Eier	vier	Carvikörner	1/2 Esslöffel
Knoblauchzehen	vier	Paprikagewürz	1/2 Esslöffel
Oel	4 Esslöffel	Salz	nach Belieben

Die Paprikaschoten und Piments entstielen und das Kerngehäuse herausnehmen, in kleine Würfel schneiden und im Mörser zerdrücken, abtropfen lassen und beiseite stellen. Tomatenmark mit etwas Wasser verdünnen. Die Knoblauchzehen schälen und zusammen mit dem Carvi und einer Prise Salz zerdrücken. Oel erhitzen, die zerdrückten Gewürze und Paprikaschoten, Tomatenmark, Nelkenpfeffer, Harissa in den Topf geben mit einem Glas Wasser auffüllen, verrühren und aufkochen, Flamme kleiner stellen und etwa zwanzig Minuten dünsten lassen. Die rohen Eier zugeben, mit der Sosse vermischen, beikochen mit Salz abschmecken und sofort servieren.

Aijja mit Tomaten und Paprika — *Aijja bit tmatim wil filfil*

Frische Tomaten	250 g	Oel	4 Esslöffel
Süsse Paprikaschoten	150 g	Tomatenmark	1 Esslöffel
Frische Piments	100 g	Harissa	1 Esslöffel
Eier	vier	Carvikörner	1/2 Esslöffel
Knoblauchzehen	vier	Nelkenpfeffer	1/2 Esslöffel

Salz nach Geschmack

Die Tomaten, Paprikaschoten und Piments pellen und in kleine Stücke schneiden. Knoblauchzehen schälen und zusammen mit dem Carvi und einer grossen Prise Salz in Mörser zerstampfen. Oel erhitzen die frischen Gemüse, Tomatenmark, Harissa, Paprikagewürz und die restlichen Gewürze in den Topf geben. Vermischen, mit einem Glas Wasser auffüllen, aufkochen lassen, Flamme kleiner stellen und bei zugedecktem Topf 25 Minuten garen. Die rohen Eier hinzufügen, mit der Sosse vermischen. Die Sosse etwas beikochen mit Salz abschmecken und zu Tisch bringen.

Aijja mit Michwiya — *Aijja bil mischwiya*

Frische Tomaten	**250 g**	**Oel**	**4 Esslöffel**
Süsse Paprikaschoten	**150 g**	**Tomatenmark**	**2 Esslöffel**
Frische Piments	**100 g**	**Harissa**	**1 Esslöffel**
Reife Zwiebel	**50**	**Carvikörner**	**1/2 Esslöffel**
Eier	**vier**	**Nelkenpfeffer**	**1/2 Esslöffel**
Knoblauchzehen	**vier**	**Salz**	**nach Geschmack**

Die Paprikaschoten, Piments und Tomaten auf der Kohlenglut oder Gasflamme grillen, Haut abziehen, sorgfältig waschen und in kleine Würfel schneiden. Die Zwiebel schälen, ebenfalls grillen und in winzige Würfel schneiden. Knoblauchzehen schälen zusammen mit dem verlesenen Carvi und einer grossen Prise Salz in Mörser zerstampfen.

Tomatenmark mit etwas Wasser verdünnen. Oel in einem Topf erhitzen, das Tomatenmark, Harissa, Nelkenpfeffer und die zerdrückten Gewürze hineingeben. Ein Glas Wasser zugiessen, aufkochen lassen. Flamme kleiner stellen vermischen und bei zugedecktem Topf 20 bis 25 Minuten garen. Wenn die Sosse beigekocht ist, die gegrillten Gemüsestückchen untergeben, die rohen Eier hinzugeben, verrühren, Salz abschmecken und heiss servieren.

Aijja mit Geflügelklein — *Aijja bil quwaniz*

250 Gramm Geflügelklein säubern. Den Magen aufschneiden und entleeren. Die Galle sorgfältig von der Leber trennen. Das Herz längs durchschneiden und die Haut abziehen. Die Innereien nochmals sorgfältig abwaschen, abtropfen lassen und in Stücke schneiden.

Eine Aijja nach einem der Rezepte Ihrer Wahl zubereiten : einfach, mit Kartoffeln, Erbsen, Paprika oder michwiya. Die Innereistückchen in Oel anbraten und weiter zubereiten wie beschrieben.

Aijja mit Quadid — *Aijja bil quadid*

Die Zutaten einer Aijja Ihrer Wahl vorbereiten : einfach, mit Michwiya, Erbsen, oder andere. Das Dörrfleisch in kleine Stücke zerteilen und die gedörrten Würstchen in Schneiben schneiden, Zwei Esslöffel Oel mit einem Teelöffel Idam im Topf erhitzen, das Fleisch und die Würstchen darin braten und weiter zubereiten wie im gewünschten Rezept beschrieben. Die Kochzeit etwas verlängern bis das Fleisch gar ist.

Aijja mit Fleischbällchen ***Aijja bil kaabar***

Die Zutaten einer Aijja, nach Wahl, vorbereiten. 200 Gramm Hackfleisch mit Salz und Pfeffer würzen und kleine Bällchen formen. Oel erhitzen, die Bällchen darin einige Minuten anbraten und weitere Rezeptanweisungen folgen.

Aijja mit frischen Würstchen ***Aijja bil mirguez***

Eine Aijja nach Ihrer Wahl zubereiten und zu Kochbeginn ein Dutzend frischer Würstchen (haugemacht oder fertig vom Metzger) hinzufügen.

Aijja mit Hirn ***Aijja bil mokh***

Zwei Hammelhirne reinigen, wähend zwei Stunden in frischem Wasser mit etwas Zitronensaft legen, bis kein Blut mehr ausgezogen wird. Die Hirne abziehen und von den Äderchen befreien. Die Hirne 10 Minuten in kochendes Wasser härten, abtropfen und in regelmässige Würfel schneiden. Das Hirn in Oel anbraten und weiter zubereiten wie eines der oberen Rezepte.

Aijja «Komplett» ***Aijja Kamla***

Zubereitung wie eines der vorgenannten Rezepte unter Zugabe von frischen Würstchen, Fleischbällchen und Hammelhirn.

Aijja mit Hering *Aijja birringa*

Einen Hering von beiden Seiten auf der Holzkohle oder Gasflamme grillen. Sobald die Haut sich zusammenzieht, den Fisch abschuppen, Kopf und Schwanz entfernen. Den Fisch an der Bauchseite aufschlitzen, die Gräten sorgfältig herausnehmen, die Filets während zwei Stunden in frisches Wasser legen um das Salz zu entziehen, abtropfen und abtrocknen dann in kleine Würfel schneiden.

Weiter zubereiten wie eine Aijja Ihrer Wahl, den Fisch zu Kochbeginn zufügen.

Aijja mit Getrockneten Menolas *Aijja bij jamour*

Gleiches Rezept wie vorheriges, den Bückling durch vier bis sechs gesalzene Menolas ersetzen.

Aijja mit Garnelen *Aijja bil gambri*

Zubereitung wie einfache Aijja (am Anfang dieses Kapitels) oder eine andere Ihrer Wahl. 250 Gramm Garnelen sorgfältig waschen, schälen und in regelmässige Stücke schneiden. Die Garnelen bei Kochbeginn in die Sosse geben.

Die Maaquoudas und Tajines

Maaquouda mit Kartoffeln

Maaquouda bil batata

Traditionnelles Grundrezept

Kartoffeln	**500 g**	**Oel**	**6 Esslöffel**
Petersilie	**200 g**	**Nelkenpfeffer**	**1/2 Esslöffel**
Zwiebeln	**200 g**	**Butter (für die Form)**	**20 g**
Eier	**sechs**	**Salz und Pfeffer**	**nach Geschmack**

Die Kartoffeln in Salzwasser garkochen. Pellen und durchdrehen oder durch ein Sieb drücken. Petersilie verlesen und feinwiegen. Die Zwiebeln schälen und feinschneiden. Oel erhitzen, die Zwiebeln und Petersilie kurz darin dünsten. Von der Flamme nehmen und erkalten lassen. Das Kartoffelpüree, die Eier und Nelkenpfeffer mit dem gedunsteten Gemüse vermischen salzen und pfeffern. Den Boden und die Ränder einer nicht zu tiefen feuerfesten Form (aus Kupfer oder Metall) mit Butter einreiben, die Masse in die Form geben, gleichmässig verteilen und bei Mittelhitze im Ofen überbacken. Mit der Messerspitze prüfen ob der Auflauf gar ist.

Anrichten : Den Auflauf vorsichtig aus der Form lösen, auf eine Platte stürzen, in Viertel zerschneiden und heiss servieren.

Maaquouda mit Kartoffeln *Maaquouda bil batata*

Neues Grundrezept

Kartoffeln	**500 g**	**Oel**	**4 Esslöffel**
Petersilie	**200 g**	**Nelkenpfeffer**	**1/2 Esslöffel**
Zwiebeln	**200 g**	**Backpulver**	**1/2 Teelöffel**
Eier	**sechs**	**Salz und Pfeffer**	**nach Geschmack**

Butter für die Form : 20 g

Die Kartoffeln in Salzwasser garkochen, pellen und durchdrehen oder durch ein Sieb geben. Petersilie verlesen, waschen und feinhacken. Die Zwiebel schälen und feinschneiden. Die Eier aufschlagen das Eigelb und Eiweiss separat aufbewahren. Oel in einem Topf erhitzen, Die Zwiebel und Petersilie kurz darin glasieren, von der Flamme nehmen und erkalten lassen. Den Kartoffelbrei, das leicht verschlagene Eigelb, den Nelkenpfeffer und einen halben Teelöffel Backpulver zu den Zwiebeln und Petersilie geben, salzen und pfeffern und gut vermischen.

Eine ziemlich tiefe Auflaufform mit Butter einreiben, mit der Masse bis zu 2/3 auffüllen, die Masse sollte beim Überbacken nicht überlaufen. Das Eiweiss mit dem Schneebesen schlagen und vorsichtig unter die Masse heben, gleichmässig verteilen und bei Mittelhitze im Ofen überbacken. Sobald der Auflauf goldbraun wird, prüfen ob er gar ist und aus dem Ofen nehmen.

Anrichten : Die Maaquouda vorsichtig auslösen und auf eine Platte anrichten, in Scheiben schneiden und zu Tisch bringen.

Maaquouda mit Thunfisch *Maaquouda bit toun*

Zubereitung wie eines der obigen Rezepte. Vor dem Überbacken 100 bis 150 Gramm zerkleinerten Thunfisch unter die Masse heben.

Maaquouda mit Hering *Maaquouda bir ringa*

Einen Hering von beiden Seiten auf der Holzkohle oder Gasflamme grillen. Wenn die Haut sich runzelt, enthäuten, Kopf und Schwanz entfernen, an der Bauchseite aufschlitzen, säubern und in Filets schneiden. Die Filets mindestens zwei Stunden in frisches Wasser einweichen. Abwaschen abtrocknen und zerpflücken. Weitere Zubereitung wie eines der Grundrezepte. Den Fisch vor dem Überbacken in die Masse geben.

Maaquouda mit getrockneten Menolas *Maaquouda bij jamour*

Drei oder vier getrocknete Menolas (kleine Mittelmeerfische) von beiden Seiten grillen, Kopf und Schwanz abtrennen, Haut abziehen, an der Bauchseite einschneiden, sorgfältig die Gräten entfernen, die Filets in kleine Stücke schneiden. Die Filets in frisches Wasser während zwei Stunden einweichen, abwaschen, abtrocknen und vor dem Überbacken unter die Masse heben.

Maaquouda mit Hirn *Maaquouda bil mokh*

Ein oder zwei Hammel bzw. Lammhirne sorgfältig säubern, abwaschen und während zwei Stunden in frisches Wasser legen bis alles Blut entzogen ist. Haut und Äderchen entfernen, nochmals gründlich abwaschen für 10 Minuten in kochendes Wasser geben, abtropfen lassen und in winzige Stücke schneiden. Weitere Zubereitung wie eines der Grundrezepte, nur das Hirn mit den feingehackten Zwiebeln und Petersilie anbraten.

Maaquouda mit Geflügelinnereien *Maaquouda bilquwaniz*

250 Gramm Geflügelinnereien sorgfältig reinigen, abwaschen und in kleine Würfel schneiden. Weitere Zubereitung nach einem der Grundrezepte Ihrer Wahl. Die Innereien salzen und pfeffern und mit den Zwiebeln und Petersilie zu Kochbeginn anbraten.

Maaquouda mit Garnelen *Maaquouda bil gambli*

250 Gramm Garnelen während zwei bis drei Minuten in heisses Salzwasser abschrecken, schälen und das Fleisch in kleine Würfel schneiden Weitere Zubereitung wie eines der Grundrezepte. Die Garnelen kurz eine oder zwei Minuten im heissen Oel mit der Zwiebel und Petersilie anbraten.

Maaquouda mit Riesenbarsch *Maquouda bil mannani*

250 Gramm Riesenbarsch oder anderen Fisch mit zartem Fleisch säubern und in kleine Würfel schneiden. Eine Maaquouda nach einem der Grundrezepte herstellen, die Fischstücke salzen und pfeffern und einige Minuten im heissen Oel mit den Zwiebeln und Petersilie goldbraun werden lassen.

Maaquouda mit Fleisch *Maaquouda bi Iham*

250 Gramm Hackfleisch mit Salz und Pfeffer würzen, in einen Topf geben, einen Esslöffel Oel oder eine Nuss frische oder salzige Butter mit dazugeben und unter ständigem Rühren bei schwacher Flamme garen bis der Fleischsaft verdünstet. Weiter zubereiten wie eines der Grundrezepte Ihrer Wahl. Das Fleisch zur gleichen Zeit wie das Kartoffelpüree zugeben.

Tajine mit Petersilie — *Tajine maaadnous*

Traditionnelles Grundrezept

Fleisch	250 g	Eier	acht
Petersilie	200 g	Oel	4 Esslöffel
Schweizer Käse	100 g	Tomatenmark	1/2 Esslöffel
Altbackenes Brot	100 g	Nelkenpfeffer	1/2 Esslöffel
Getr. Weisse Bohnen	50 g	Bharat	1/2 Teelöffel
Zwiebeln	50 g	Pfeffer	nach Geschmack
Salzige Butter	20 g	Salz	nach Geschmack
Parmesankäse	25 g	Butter (für die Form)	20 g

Die getrockneten weissen Bohnen verlesen, waschen und im frischen Wasser während 12 Stunden weichen lassen. Eine kleine Zwiebel schälen und feinschneiden. Oel erhitzen. Das Fleisch in regelmässige kleine Stücke zerteilen mit Salz und Pfeffer würzen und zusammen mit der Zwiebel einige Minuten im heissen Oel anbraten. Das Tomatenmark mit einem Glas Wasser verdünnen, die Bohnen, den Nelkenpfeffer zu dem Fleisch geben, zum Kochen bringen, Flamme kleiner stellen, gut verrühren und zugedeckt dünsten lassen. Ab und zu umrühren und wenn nötig Wasser nachfüllen.

In der Zwischenzeit, Petersilie verlesen, waschen und feinhacken. Das altbackene Brot reiben. Den Schweizer Käse in kleine Stücke schneiden und den Parmesan reiben. Sobald das Fleisch und die Bohnen gar sind, die Sosse etwas beikochen, vom Feuer nehmen und erkalten lassen. Das gehackte Petersilie, den Käse, Semmelmehl sowie eine Nuss frische oder salzige Butter dazugeben, alles mit den leicht verschlagenen Eiern vermischen, den Bharat zugeben und mit Salz und Pfeffer abschmecken. Eine Auflaufform mit Butter einreiben, die Masse in die Form geben, egalisieren und bei Mittelhitze im Ofen goldbraun überbacken. Mit dem Messerprüfen ob die Tajine gar ist. Vorsichtig aus der Form lösen, auf eine Platte anrichten, in viertel schneiden und heiss servieren.

N.B. Die Tajine sollte einen starken Duft von Petersilie verbreiten und grün durchzogen sein.

Tajine mit Petersilie *Tajine maaadnous*

Neues Grundrezept

Fleisch	**350 g**	**Butter (für die Form)**	**20 g**
Petersilie	**200 g**	**Eier**	**acht**
Schweizer Käse	**100 g**	**Oel**	**4 Esslöffel**
Altbackenes Brot	**100 g**	**Tomatenmark**	**1/2 Esslöffel**
Getr. Weisse Bohnen	**50 g**	**Paprikagewürz**	**1/2 Esslöffel**
Zwiebeln	**50 g**	**Bharat(1)**	**1/2 Teelöffel**
Parmesankäse	**25 g**	**Backpulver**	**1/2 Teelöffel**
Salzige Butter	**20 g**	**Salz und Pfeffer**	**nach Geschmack**

Die getrockneten weissen Bohnen verlesen, waschen und in frisches Wasser während 12 Stunden einweichen. Eine kleine Zwiebel schälen und feinhacken. Das Fleisch in regelmässige Stücke schneiden, salzen und pfeffern, und einige Minuten im heissen Oel mit der geschnittenen Zwiebel anbraten.

Das Tomatenmark, mit einem Glas Wasser verdünnt, das Paprikagewürz und die weissen Bohnen hinzufügen, aufkochen lassen, Flamme kleiner stellen, kurz umrühren, Topf zudecken und garen. Ab und zu umrühren und wenn nötig Wasser zugiessen.

In der Zwischenzeit, Petersilie verlesen, waschen und kleinhacken. Das altbackene Brot reiben. Den Parmesankäse reiben und den Schweizer in kleine Stücke schneiden. Die Eier aufschlagen, Eigelb und Eiweiss getrennt aufbewahren. Wenn das Fleisch und die Bohnen gar sind, die Sosse etwas beikochen und erkalten lassen. Dann Petersilie, Käse, Semmelmehl, eine Nuss frische Butter, oder salzige, sowie je einen halben Teelöffel Bharat und Backpulver zu dem Fleisch geben. Das Eigelb verschlagen und unter die Masse heben. Mit Salz und Pfeffer abschmecken. Beim Würzen beachten, das der Eischnee noch zugegeben wird. Eine Auflaufform mit Butter einfetten, bis 2/3 der Form mit der Masse auffüllen damit der Auflauf nicht überläuft. Das Eiweiss mit dem Schneebesen schlagen, vorsichtig unter die Masse heben, egalisieren und bei Mittelhitze im Ofen überbacken. Sobald der Auflauf goldbraun wird, prüfen ob er gar ist und aus dem Ofen nehmen.

Anrichten : Die Tajine vorsichtig auslösen, am besten die Form umgekehrt auf eine Platte legen, in Scheiben oder Viertel schneiden, heiss servieren.

Tajine mit Erbsen *Tajine jilbana*

Ein Pfund Erbsen, für vier bis fünf Personen, ausdöpsen, waschen und in Salzwasser während 15 bis 20 Minuten garkochen, abtropfen lassen.

Weitere Zubereitung wie eines der Grundrezepte, Petersilie durch Erbsen ersetzen.

Tajine mit Spinat *Tajine sibnakh*

Ein Pfund Spinat verlesen, Stiele entfernen, waschen und kleinhacken. In kochendes Salzwasser garen, durch ein Sieb geben und den Rest der Flüssigkeit mit der Hand ausdrücken. Man kann auch, was noch besser wäre, die Spinatblätter waschen, feinhacken, ausdrücken in einem Topf geben eine Nuss Butter sowie eine grosse Prise Salz zufügen und bei schwacher Flamme trocknen lassen.

Weitere Zubereitung wie eines der Grundrezepte. Anstelle von Petersilie den Spinat verwenden.

Tajine mit Michwiyasalat *Tajine slata*

Fleisch ohne Knochen	**350 g**	**Eier**	**acht**
Paprikaschoten	**200 g**	**Mittlere Zwiebeln**	**zwei**
Frische Tomaten	**150 g**	**eingelegte Zitrone**	**eine**
Frische Piments	**100 g**	**Oel**	**4 Esslöffel**
Schweizer Käse	**100 g**	**Tomatenmark**	**1/2 Esslöffel**
Altbackenes Brot	**100 g**	**Paprikagewürz**	**1/2 Esslöffel**
Kapern	**50 g**	**Tabil**	**1/2 Esslöffel**
Butter	**20 g**	**Salz und Pfeffer**	**nach Belieben**

Auf der Holzkohle oder Gasflamme die Tomaten, Paprikaschoten, Piments mit einer grossen Zwiebel grillen. Die Gemüse sehr sorgfältig abwaschen und in kleine Würfel schneiden. Die eingelegte Zitrone entkernen und ebenfalls in Stücke schneiden, ohne sie zu schälen. Die Kapern grobhacken. Diese Zutaten mit einem halben Esslöffel Tabil, Salz unf Pfeffer würzen.

Weitere Zubereitung wie eines der Rezepte mit Petersilie anstelle letzteres den Michwiyasalat verwenden, dessen Geschmack vorherrschen sollte.

Tajine mit Käse *Tajine jbinn*

Zubereitung wie das Grundrezept mit Petersilie, letzeres auslassen und dafür die doppelte Menge Käse, Parmesan und Schweizer, nehmen. Der Käsegeschmack sollte bei dieser Tajine vorherrschen.

Tajine mit gebeiztem Gemüse *Tajine ommalah*

Knochenloses Fleisch	**350 g**	**Butter**	**20 g**
Gebeiztes Gemüse(1)	**200 g**	**Eier**	**acht**
Schweizer Käse	**100 g**	**Oel**	**4 Esslöffel**
Getr. weiss Bohnen	**100 g**	**Tomatenmark**	**1/2 Esslöffel**
Altbackenes Brot	**100 g**	**Paprikagewürz**	**1/2 Esslöffel**
Zwiebeln	**50 g**	**Salz**	**nach Geschmack**
Grüne Oliven	**50 g**	**Pfeffer**	**nach Geschmack**

Die Oliven entsteinen und grobhacken. Die eingelegten Gemüse säubern, gut abwaschen und in Stücke schneiden. Weitere Zubereitung wie eines der Grundrezepte für Tajine mit Petersilie, letzteres durch das Gemüse essetzen.

---

(1) Gebeiztes Gemüse - Art Pickles. Keinen Parmesan, salzige Butter und Bharat gebrauchen.

Tajine mit Erbsenpüree *Tajine fozdoq*

Die Erbsen ausdöpsen, in Salzwasser garkochen und zu Püree verarbeiten. Eine Tajine nach einem der Grundrezepte herstellen, Erbsenpüree anstatt der Petersilie verwenden.

Tajine mit Käse, Thunfisch und harten Eiern *Tajine zdaf*

Fleisch	**350 g**	**Zwiebeln**	**50 g**
Schweizer Käse	**100 g**	**Tomatenmark**	**25 g**
Holländer Käse	**100 g**	**Butter (für die Form)**	**20 g**
Testourkäse	**50 g**	**Eier**	**acht**
Thunfisch	**100 g**	**Oel**	**4 Esslöffel**
Altbackenes Brot	**100 g**	**Paprikagewürz**	**1/2 Esslöffel**
Getr. Weisse Bohnen	**100 g**	**Salz und Pfeffer**	**nach Belieben**

Die getrockneten weissen Bohnen waschen, verlesen und 10 bis 12 Stunden einweichen. Eine kleine Zwiebel schälen und feinwiegen. Fleisch in regelmässige kleine Stücke schneiden mit Salz und Pfeffer einreiben. Oel erhitzen, das Fleisch mit der Zwiebel kurz darin anbraten. Das Tomatenmark mit einem Glas Wasser verdünnen, das Paprikagewürz und die Bohnen in den Topf geben, vermischen, die Flamme kleiner stellen, Topf zudecken und garen lassen.

In der Zwischenzeit zwei Eier hartkochen, schälen und in dicke Scheiben schneiden. Das altbackene Brot reiben und durchsieben. Die verschiedenen Käsesorten in ziemlich grosse Stücke schneiden. Den Thunfisch in kleine Würfel zerteilen. Die restlichen Eier in eine Schüssel mit der Gabel verquirlen. Wenn das Fleisch gar ist und die Bohnen weich sind, die Sosse etwas beikochen und erkalten lassen. Das Semmelmehl sowie den Thunfisch in die Sosse geben, die Eier hinzufügen alles gut vermischen, mit Salz und Pfeffer abschmecken. Eine feuerfeste Form einfetten, die Masse hineingeben, die Käse,- und gekochten Eierscheiben vorsichtig unter die Masse heben, die Oberfläche glattstreichen und 15 bis 20 Minuten bei Mittelhitze im Ofen überbacken. Wenn die Öberfläche goldbraun wird, die Tajine aus dem Ofen nehmen und auf eine Platte stürzen, in Scheiben oder Viertel schneiden. Heiss servieren.

N.B. Die Eier, - und Käsestückchen sollten noch deutlich in der Tajine zu sehen sein.

Tajine mit Minze *Tajine Naânaâ*

Etwa 10 Stiele trockene Minze verlesen, Blätter abstreifen. Die Blätter mit den Handflächen zerreiben, dann entweder durch ein Sieb geben oder im Mörser zerstossen. Weitere Zubereitung wie eines der Grundrezepte mit Petersilie, letzteres durch die Minze ersetzen. Der Geschmack der Minze sollte vorherrschen.

Tajine mit Blätterteig *Tajine malsouqua*

Fleisch ohne Knochen	**350 g**	**Brik**	**12 Fladen**
Schweizer Käse	**100 g**	**Eier**	**acht**
Parmesan	**50 g**	**Oel**	**6 Esslöffel**
Getr. weisse Bohnen	**50 g**	**Zwiebel**	**eine Kleine**
Butter	**30 g**	**Gemahlener Safran**	**1 Messerspitze**
Salzige Butter (fakultativ)	**15 g**	**Salz und Pfeffer**	**nach Belieben**

Die weissen Bohnen verlesen, waschen und über Nacht einweichen. Abwaschen und abtropfen lassen. Das Fleisch in regelmässige Stücke schneiden mit Salz und Pfeffer würzen. Drei Esslöffel Oel erhitzen, bevor es räuchert, das Fleisch und die geschnittene Zwiebel hineingeben und kurz anbraten. Die weissen Bohnen hinzufügen, mit Wasser bedecken, aufkochen lassen. Flamme kleiner stellen, Topf zudecken und garen lassen. Ab und zu umrühren und wenn nötig etwas Wasser nachgiessen.

In der Zwischenzeit, den Käse in feine Scheiben schneiden und den Parmesan reiben. Zwei Eier hartkochen, schälen und in Stücke zerteilen. Die restlichen 6 Eier leicht verquirlen. Wenn das Fleisch gar ist, vom Feuer nehmen und erkalten lassen. Die gerade zubereiteten Zutaten zu dem Fleisch geben, alles mit einer grossen Prise Safran und der Nuss salziger Butter vermischen, mit Salz abschmecken. Die Briks einzeln mit etwas Oel einreiben. Eine feuerfeste Form von gleicher Grösse wie die Briks mit Butter einreiben. Sechs Briks auf die Bodenform legen, die Farce darüber verteilen, glätten und die restlichen sechs Briks auflegen. Die Tajine bei Mittelhitze im Ofen überbacken. Wenn die Oberfläche goldbraun wird, prüfen ob sie gar ist, herausnehmen, in Viertel schneiden und heiss servieren.

N.B. Man kann die Tajine auch in einer palestiner Form auf dem Gaskocher garen. Nach Belieben, kann der Farce auch 100 g Semmelmehl oder eine zerdrückte gekochte Kartoffel oder beides zugefügt werden. Der Geschmack kann durch die Zugabe von einem halben Teelöffel frisch gemahlenen Stangenzimt verfeinert werden.

Tajine mit Kartoffelpüree *Tajine Khaffaf*

Kartoffeln	**500 g**	**Salzige Butter**	**15 g**
Fleisch	**350 g**	**Eier**	**acht**
Schweizer Käse	**100 g**	**Oel**	**4 Esslöffel**
Frische Piments	**100 g**	**Tomatenmark**	**1/2 Esslöffel**
Zwiebeln	**100 g**	**Bharat**	**1/2 Teelöffel**
Petersilie	**50 g**	**Safran**	**1 grosse Prise**
Parmesan	**25 g**	**Salz**	**nach Geschmack**
Butter (für die Form)	**20 g**	**Pfeffer**	**nach Geschmack**

Das Fleisch in regelmässige Stücke schneiden, mit Salz und Pfeffer einreiben. Eine kleine Zwiebel schälen und feinwiegen. Oel erhitzen und bevor es anfängt zu räuchern, das Fleisch und die Zwiebel hineingeben, dann das Tomatenmark, mit Wasser bedecken, aufkochen und auf kleiner Flamme weitergaren.

In der Zwischenzeit : die Kartoffeln waschen, in Salzwasser garkochen, pellen und zu Kartoffelbrei verarbeiten. Zwei Eier hartkochen und in Stücke schneiden. Die frischen Piments in kochendem Wasser garen oder auf Holzkohle grillen oder in Oel ausbacken. Sie von Stielen, Haut und Kernen befreien und in kleine Würfel schneiden. Petersilie verlesen, waschen und feinhacken. Die restlichen Eier in einem tiefen Teller verquirlen. Den Schweizer Käse in kleine Stücke schneiden und den Parmesan reiben.

Wenn das Fleisch gar ist, vom Feuer nehmen und erkalten lassen. Alle Zutaten die gerade vorbereitet wurden zu dem Fleisch geben, noch eine Nuss salzige Butter (oder frische) hinzufügen, vermischen, mit Safran, Bharat, Salz und Pfeffer würzen. Die Auflaufform mit Butter einfetten, die Masse hineingeben, glattstreichen und bei Mittelhitze im Ofen überbacken bis die Oberflche goldbraun wird. Mit der Messerspitze prüfen ob die Tajine gar ist. Auf eine Platte stürzen und in Scheiben schneiden. Heiss servieren.

N.B. Die Tajine kann auch in einem Palestiner Topf auf dem Gaskocher gegart werden.

Souffle mit Huhn *Minina*

Huhn	**ein**	**Eier**	**24**
Kalbshirn	**ein**	**Pfeffer**	**1 gestrichenen Teelöffel**
Oel	**4 Esslöffel**	**Salz**	**1/2 Esslöffel**

Huhn waschen, säubern und in vier Teile schneiden mit Salz und Pfeffer würzen und in ein Liter Wasser für mindestens eine Stunde garkochen. Sechs Eier hartkochen, schälen und in Stücke schneiden. Das Kalbshirn in Essigwasser, für 20 Minuten, legen bis alles Blut entzogen ist. Abwaschen und sorgfältig abziehen und von den Äderchen befreien, in kochendes Salzwasser für 15 Minuten kochen. Abtropfen lassen und in kleine Stücke schneiden.

Sobald das Huhn gar ist, herausnehmen, Knochen auslösen und das Fleisch mit den Fingern zerrupfen. Die Brühe beiseite stellen. Das Hühnerfleisch in eine Schüssel geben, die restlichen rohen Eier beifügen und alles zusammen mit dem Schneebesen schlagen bis die Masse glatt ist, nach Geschmack salzen und pfeffern. Oel in eine Form geben, die Seiten gründlich einfetten, die Masse hineingeben, die Form sollte nur bis zur Hälfte gefüllt sein. Die Minina im Wasserbad, im Ofen, zuerst fünf Minuten bei starker Hitze und dann etwa eine Stunde bei Mittelhitze überbacken. Ab und zu mit der Hühnerbrühe übergiessen. Wenn die Oberfläche goldbraun wird, mit der Messerspitze prüfen ob sie gar ist. Herausnehmen, auf eine Platte stürzen, in Scheiben schneiden und erkalten lassen.

Fleischgerichte

Frische Lammwürstchen (Hausgemacht) — *Mirgaz aallouch*

Fleisch ohne Knochen	**750 g**	**Paprikagewürz**	**1/2 Esslöffel**
Knoblauchzehen	**vier**	**Hammeldärme**	**2 oder 3 Meter**
Fenchelsamen	**1/2 Esslöffel**	**Salz**	**nach Geschmack**
Harissa	**1/2 Esslöffel**	**Pfeffer**	**nach Geschmack**

Die Knoblauchzehen schälen und mit einer grossen Prise Salz zerstossen. Den Fenchelsamen verlesen und ebenfalls zerstampfen. 750 Gramm Hammel oder Lammfleisch ohne Knochen und Fett durch den Wolf drehen mit Harissa, Paprikagewürz, den zerstossenen Gewürzen vermischen und nach Geschmack salzen und pfeffern.

Die Därme sorgfältig säubern, an den Wasserhahn klemmen und fliessendes Wasser durchlaufen lassen bis sie von innen vollkommen sauber sind. Die Därme gut abtropfen lassen, dann mit Hilfe eines Trichters (Kef) die Farce in die Därme drücken, mit dem Daumen etwas nachhelfen. Wenn die Farce verbraucht ist, die Därme in gleichmässigen Abständen von etwa 8 bis 10 Zentimeter abzwicken. Die Würstchen können frisch je nach Anleitung der Rezepte verwendet werden.

Frische Lammwürstchen (Fettig) — *Mirgaz aalouch bi liya*[1]

Gleiches Rezept wie vorgenanntes nur unter Zugabe von 100 bis 150 Gramm Liya, in winzige Würfel geschnitten.

Hausgemachte Würstchen mit Fleisch und Leber — *Mirgaz âallouch bil Kibda*

Wie Grundrezept nur 500 Gramm Fleisch und ein halbes Pfund Lammleber verwenden. Die Leber sollte in winzige Stücke geschnitten sein. Frisch verbrauchen.

Hausgemachte Würstchen — *Mirgaz baqri*

Gleiche Zubereitung wie das Grundrezept, Anstelle des Hammelfleisches und Därme, Fleisch und Därme vom Kalb oder Rind gebrauchen. Ausserdem noch mit einen halben Teelöffel Tabil und einige zerdrückte getrocknete Minzblätter verwenden.

Grillspiess mit Lamm *Sfafid aalouch*

Fleisch ohne Knochen	**750 g**	**Zitrone**	**eine**
Liya	**100 g**	**Oel**	**3 Esslöffel**
Zwiebeln	**100 g**	**Salz**	**nach Geschmack**
Petersilie	**50 g**	**Pfeffer**	**nach Geschmack**

Die Zwiebel und Petersilie feinwiegen. Das Fleisch in zwei bis drei Zenitmeter grosse Würfel schneiden und das Fett (Liya) in feine Scheiben. Mit Salz und Pfeffer würzen. Das Fleisch, Fett, Zwiebel und Petersilie in eine Schüssel legen mit Zitronensaft und Oel beträufeln, alles gut vermischen und für eine oder zwei Stunden marinieren. In der Zwischenzeit die Garnitur und die Beigaben zubereiten wie nach Rezept «Gegrillte Lammwürstchen».

Die Fleischwürfel und Fettscheiben abwechselnd auf die Spiesse schieben. Das Grillgerät mit Oel einreiben und 10 Minuten vorwärmen. Die Spiesse nacheinander auf den Rost aufreihen und während 10 bis 12 Minuten grillen. dann wenden. Zwischen den Fleisch und Fettstüchen können auch frische Tomatenscheiben, Zwiebelviertel und Lorbeerblätter gelegt werden.

Grillspiess mit Innereien — *Sfafid mkhalta*

Fleisch ohne Knochen	400 g	Gehackte Petersilie	500 g
Lammleber	150 g	Zitrone	eine
Liya	100 g	Oel	3 bis 4 Esslöffel
Hammelnieren	zwei	Salz	nach Geschmack
Gehackte Zwiebel	100 g	Pfeffer	nach Geschmack

Das Fleisch, die Leber und Nieren in Würfel schneiden, wenn möglich in gleicher Grösse. Das Fett in Streifen schneiden. Alle Zutaten mit Salz und Pfeffer einreiben, in eine Schüssel legen die gehackten Zwiebeln und Petersilie zufügen mit Oel und Zitronensaft beträufeln und eine Stunde marinieren lassen. In dieser Zeit, die gewählte Garnitur und Sosse zubereiten. Grill erhitzen.

Das Fleisch, die Leber und Nieren abwechselnd und dicht bei einander auf die Spiesse spicken und grillen, sobald das Fleisch gar ist mit den Beigaben Ihrer Wahl, sofort zu Tisch bringen.

Gegrillte Lammkoteletts — *Koustilyat aallouch michwiya*

Lammrippchen	500 g	Oel	3 Esslöffel
Gehackte Petersilie	100 g	Zitrone	eine
Gehackte Zwiebel	eine	Salz und Pfeffer	nach Geschmack

Ein Dutzend Lamm oder Hammelkoteletts vom Metzger. Die Fleischstücke mit Oel oder frischer Butter bestreichen, zur Seite stellen. Die Koteletts sollten nicht vor dem Grillen gesalzen werden sonst verlieren sie ihren Saft und werden trocken. Das Grillgerät vorher erwärmen und den Rost mit Oel oder Butter bepinseln. Die Rippchen von jeder Seite für etwa fünf bis sechs Minuten grillen, wenn rosaroter Fleischsaft an die Oberfläche perlt, die Rippchen wenden. Die Koteletts noch heiss auf ein mit Petersilie bestreuten Teller anrichten, mit den gehackten Zwiebeln bestreuen. Sofort mit den Beigaben Ihrer Wahl und Zitronenachtel servieren.

Gegrillte Kalbskoteletts — *Koustilyat agil michwiya*

Auf gleiche Weise wie die Lammkoteletts zubereiten. Nur die Garzeit sollte etwas verlängert werden, je nach Grösse und Dicke der Fleischstücke. Vor dem Servieren eine Nuss Butter auf die Koteletts geben. Eins pro Person.

Grill «La Goulette» *«Michwi halq il wad»*

Kalbshoden	**zwei**	**Kalbsleber**	**200 g**
Kalbswurst	**200 g**	**Kalbsherz**	**200 g**
Oel		**Zitrone**	
Salz		**Pfeffer**	

Die Hoden während zwei Minuten im kochenden Wasser blanchieren, unter fliessendem kaltem Wasser abkühlen, sofort säubern und in dicke Scheiben schneiden. Leber und Herz sorgfältig säubern und waschen. In gleichmässige Würfel schneiden und mit Oel einreiben. Die Wurst in Scheiben schneiden.

Den Grill erhitzen, noch besser auf Holzkohle, die Innereistücke und die Wurst bei grosser Flamme 8 bis 10 Minuten grillen, mehrmals umdrehen bis sie von allen Seiten gar sind. Auf einen Teller geben, salzen und pfeffern. Sofort mit Zitronenachteln und einer Harissasosse servieren.

Gebratene Kalbskotelett *Koustilyat ajil moquliya*

Lassen Sie Rippen vom Metzger herrichten. Ein Kotelett pro Person. Fleischscheibe mit Salz und Pfeffer einreiben, beiseite stellen. Oel oder Butter heiss werden lassen, die Koteletts von beiden Seiten 5 Minuten goldbraun anbraten, Flamme kleiner stellen und nochmals 15 Minuten garen lassen.

Die Koteletts heiss mit Pommes frites und einigen Salatblättern anrichten und servieren. Falls Butter zum Braten gebraucht wurde, den Ansatz mit einem Esslöffel Wasser und den Saft einer Viertel Zitrone lösen und über das Fleisch träufeln.

Gebratene Hammelkeule *Fkhadh aallouch mosli*

Hammel - oder Lammkeule	**eine**	**Oel**	**3 Esslöffel**
Kartoffeln	**500 g**	**Safran**	**eine grosse Prise**
Knoblauchzehen	**4 - 5**	**Pfeffer**	**nach Geschmack**
Zitrone	**eine**	**Salz**	**nach Geschamck**

Eine Lamm- oder Hammelkeule vom Metzger vorbereiten lassen. In der Keule vier bis fünf kleine Einschnitte machen in diese je eine geschälte Knoblauchzehe hineinstecken. Die Keule auf dem Ofenblech anrichten, in der Vertiefung des Bleches je drei Esslöffel Oel und Wasser geben, das Fleisch sollte mit der Flüssigkeit nicht in Kontakt geraten. Ofen auf höchste Regelstufe stellen, das Fleisch hineinschieben und fünf bis sechs Minuten kräftig bräunen. Ofen kleiner stellen, die Garzeit für ein Pfund Fleisch beträgt etwa 20 bis 25 Minuten. Die Keule von Zeit zu Zeit mit dem Bratensaft begiessen.

In der Zwischenzeit die Kartoffel schälen, in dicke Scheiben oder Viertel schneiden, mit Salz und Pfeffer einreiben. Eine grosse Prise Safran zerdrücken und in ein wenig Wasser ziehen lassen. Bei halber Bratenzeit die Kartoffeln zu der Keule geben, mit dem Safran übergiessen und den Braten salzen und pfeffern. Weiterbraten bis die Keule gar ist.

Anrichten : Die Keule senkrecht vom Knochen, in gleichmässige Scheiben schneiden, die Scheiben auf eine Platte aufreihen, mit den Kartoffeln garnieren und alles mit dem warm gehaltenen Bratensaft übergiessen. Mit Zitronenviertel zu Tisch bringen.

Gebratene Lammschulter *Ktif mkattaf mosli*

Eine Lammschulter ausbeinen, am besten vom Metzger vorbereiten lassen. Das Fleisch von innen mit Salz und Pfeffer würzen, zusammenrollen und mit gebrühtem Faden umwickeln. Gleicher Bratenvorgang wie die Hammelkeule. Wenn das Fleisch gar ist, den Faden abziehen, in Scheiben schneiden mit in Fett geschwenktem Gemüse und Kartoffelbrei den man mit dem Bratensaft übergiesst, servieren. Anstelle des Oel kann auch eine Nuss frische Butter, oder salzige, verwendet werden. In diesem Fall, den Bratansatz mit ein oder zwei Esslöffel Wasser und den Saft einer viertel Zitrone loskochen. Die Sosse nach Geschmack salzen und pfeffern und entweder über die Fleischscheiben giessen oder gesondert reichen.

Lammbraten

Mosli aallouch

Lammfleisch	**750 g**	**Oel**	**3 Esslöffel**
Kartoffeln	**500 g**	**Gehackte Petersilie**	**1 Bouquet**
Zitrone	**eine**	**Salz und Pfeffer**	**nach Geschmack**

Oel oder Butter in einem Schnelltopf oder sonstigem verschliessbaren Topf erhitzen. Das Fleisch in vier bis fünf gleichgrosse Stücke zerteilen, mit Salz und Pfeffer würzen und rundum goldbraun in sprudelen Fett anbraten. Flamme kleiner stellen, Topf gut verschliessen und bei Mittelhitze eine Stunde schmoren lassen. Kein Wasser zugeben, denn bei einem fest verschlossenen Topf gibt es keine Verdampfung. Bei halber Garzeit die geschälten, in dicke Scheiben oder Vierteln geschnittenen Kartoffeln zugeben. Zwei oder drei Mal das Fleisch und die Kartoffeln mit dem Bratensaft übergiessen.

Das Fleisch und die Kartoffeln können auch auf folgende Art zubereitet werden : wenn die Fleischstücke goldbraun angebraten sind, aus dem Topf nehmen und auf ein mit Butter eingefettetes Blech, zusammen mit den Kartoffeln anrichten. Bei Mittelhitze im Ofen braten und von Zeit zu Zeit mit dem Bratensaft übergiessen.

Anrichten : die Fleischstücke auf eine Platte legen, mit den Kartoffeln garnieren, die Sosse übergiessen, mit der gehackten Petersilie überstreuen. Sofort mit Zitronenachteln servieren.

Schnitzel mit Käse — Grundrezept — *Lahmat bij jibinn*

Fleisch ohne Knochen	**750 g**	**Zwiebel**	**eine**
Altbackenes Brot	**100 g**	**Oel**	**4 Esslöffel**
Schweizer Käse	**100 g**	**Tomatenmark**	**1 Esslöffel**
Parmesan	**100 g**	**Harissa**	**1/2 Esslöffel**
Butter	**30 g**	**Salz**	**nach Geschmack**
Eier	**vier**	**Pfeffer**	**nach Geschmack**

Das Fleisch in nicht zu dicke Scheiben schneiden, nicht zu gross und von gleicher Grösse. Die Sohnitzel klopfen, mit Salz und Pfeffer würzen und beiseite stellen. Oel in einem Schnelltopf oder ähnlichen Topf erhitzen, die Schnitzel zusammen mit einer feingeschnittenen Zwiebel, darin leicht anbraten. Das Tomatenmark mit einer Nuss Harissa (fakultativ) hinzufügen, mit Wasser bedecken, aufkochen, Flamme kleiner stellen und eine Stunde garen lassen.

In der Zwischenzeit, die Fleischreste der Schnitzel sehr fein zerhacken. Eine Scheibe altbackenes Brot reiben und durchsieben. Ebenfalls den Schweiser Käse und Parmesan reiben, diese Zutaten mit zwei rohen Eiern vermischen und die Masse mit Salz und Pfeffer würzen. Die restlichen zwei Eier hartkochen, schälen und in Scheiben oder Viertel schneiden. Ein Ofenblech mit Butter einfetten. Den Ofen auf schwacher Hitze erwärmen. Sobald die Schnitzel gar sind (um sicher zu sein das Fleisch leicht zwischen Daumen und Zeigefinger drücken), mit der Schöpfkelle herausnehmen abtropfen lassen, auf das eingefettete Ofenblach legen. Mit der Farce bestreichen, auf jedes Schnitzel ein oder zwei Stücke hartgekochtes Ei legen und in den Ofen schieben. Etwa fünf bis sechs Minuten bei schwacher Hitze überbacken bis die Farce gar ist.

Anrichten : Die Schnitzel auf eine Platte aufreihen und sofort heiss, mit der gesondert gereichten Sosse zu Tisch bringen.

Schnitzel mit Petersilie *Lahmat bil maaadnous*

Gleiches Rezept wie vorstehendes. Anstelle des Schweizer Käse ein kleines Bund Petersilie, entstielt, gewaschen und zerhackt, verwenden. Petersilie kann entweder frisch, in Salzwasser gekocht und gut abgetropft oder ein oder zwei Minuten mit einem Esslöffel Oel oder einer Nuss Butter, frische oder salzige, gedünstet werden.

Schnitzel mit Spinat *Lahmat bis sibnakh*

Zubereitung wie das Grundrezept. Den Schweizer Käse auslassen und ein kleines Bund Spinat, verlesen, entstielt, gewaschen und zerhackt verwenden. Der Spinat kann blanchiert, in Oel oder Butter gedünstet werden.

Schnitzel mit Kapern *Lahmat bil kabar*

Wie das Grundrezept. Den Schweizer Käse durch 100 Gramm eingelegte Kapern, entstielt, gründlich gewaschen und kleingehackt ersetzen.

Schnitzel mit Pilze *Lahmat bil fouquaa*

Gleiches Rezept. Anstelle des Schweizer Käse, 200 Gramm gesäuberte Pilze, mit Salz und Pfeffer würzen und ein oder zwei Minuten in Oel oder Butter andünsten, verwenden.

Schnitzel mit Sardellenfilet *Lahmat bil anchoua*

100 Gramm gesalzene Sardellen waschen, Gräten herausnehmen, zwei Stunden in frisches Wasser einweichen. Abwaschen, abtrocknen, die Filet zerrupfen und beiseite stellen, bis die Schnitzel gar sind. Die gesalzenen Sardellen roh verwenden damit sie ihren Eigengeschmack beihalten. Zubereitung wie das Grundrezept mit oder ohne Schweizer Käse. Die fertigen Schnitzel auf eine Platte anrichten und mit den zerrupften Sardellen garnieren.

Schnitzel mit Thunfisch *Lahmat bit tounn*

150 Gramm Thunfisch (aus der Dose) abtropfen lassen, in winzige Würfel schneiden oder zerrupfen. Zubereitung wie das Grundrezpet, nur den Schweizer Käse auslassen. Die fertigen Schnitzel auf eine Platte anrichten und mit dem zerkleinerten Thunfisch bestreuen. Der Thunfisch sollte nicht mitgekocht werden, sonst verliert er, wie die Sardellen den Geschmack.

Gefülltes Schnitzel mit Olivenfarce *Lahmat mihchiya biz zitoun*

Grundrezept

Fleisch ohne Knochen	750 g	Eier	vier
eingemachte grüne Oliven	150 g	Oel	3 Esslöffel
Altbackenes Brot	100 g	Salz	nach Geschmack
Gehackte Zwiebel	100 g	Pfeffer	nach Geschmack

Das Kalb- oder Lammfleisch in feine Scheiben schneiden etwa 10 Zentimeter gross, flach klopfen, die Schnitzel salzen, pfeffern und beiseite stellen. Das restliche Fleisch feinhacken. Zwei Eier hartkochen, schälen und in kleine Würfel schneiden. Die Oliven entsteinen und grobhacken. Eine Scheibe altbackenes Brot reiben und durchsieben. Die Zutaten mit ein oder zwei rohen Eiern oder nur zwei Eigelb vermischen, die Masse mit Salz und Pfeffer würzen.

Die Schnitzel nacheinander auf den Tisch legen, auf jedes einen Esslöffel Farce geben, aufrollen und mit einem gebrühten, Faden oder Rouladenklammern festbinden. In heissem Fett mit einer feingewogenen Zwiebel von allen Seiten anbraten, mit Wasser bedecken, aufkochen lassen. Flamme kleiner stellen und bei schwacher Hitze garen lassen. Ab und zu mit dem Bratensaft begiessen. Sobald das Fleisch gar ist (um sicher zu sein zwischen Daumen und Zeigefinger drücken), die Sosse beikochen lassen. Den Faden oder die Rouladenklammern entfernen.

Anrichten : Die gefüllten Schnitzel auf eine Platte legen und mit der Sosse übergiessen. Dazu passen Pommes frites, Kartoffelbrei oder gedünstetes Gemüse, oder Gemüse zusammen mit den Schnitzel gegart.

Gefüllte Schnitzel mit Kapernfarce *Lahmat mihchiya bil Kabbar*

Wie vorgenanntes Rezept, die Oliven durch die Kapern gewaschen, entstielt und gehackt, ersetzen.

Schnitzel mit Petersilienfarce *Lahmat mihchiya bil maaadnous*

Wie das Grundrezept. Die Oliven durch ein kleines Bündchen gehackte Petersilie und 50 Gramm geriebenen Parmesankäse ersetzen.

Gefüllte Schnitzel mit Spinat *Lahmat mihchiya bis sibnakh*

Zubereitung siehe Grundrezept. Anstelle der Oliven, ein kleines Bund Spinat verwenden. Spinat verlesen, waschen und blanchieren, Wasser ausdrücken, kleinhacken und zwei Esslöffel geriebenen Parmesankäse vermischen.

Gefüllte Schnitzel mit Käse *Lahmat mihchiya bij jbinn*

Gleiche Methode wie Grundrezept. Anstelle der Oliven 100 Gramm Schweizer Käse und 50 Gramm Parmesan, beide gerieben, verwenden.

Gefüllte Lammschulter *Ketif mkattaf mihchi*

Grundrezept für 6 bis 8 Personen

Lammschulter	eine	frische oder salzige Butter	30 g
Hackfleisch	150 g	Eier	drei
Petersilie	100 g	Knoblauchzehen	eine
Altbackenes Brot	100 g	Oel	1 Esslöffel
Schweizer Käse	100 g	Salz	nach Geschmack
Parmesan	50 g	Pfeffer	nach Geschmack

Vom Metzger eine Lammschulter ausbeinen lassen. Die Schulter salzen und pfeffern, vor allem die Innenseite und beiseite stellen.

Die Fleischstücke die bei dem Ausbeinen der Schulter abgefallen sind, feinhacken. Ein kleines Bund Petersilie verlesen, waschen und feinhacken. Den Schweizer Käse in winzige Würfel schneiden, den Parmesan reiben. Ebenfalls eine Scheibe altbackenes Brot reiben und durchsieben. Ein oder zwei Knoblauchzehen schälen. Zwei Eier hartkochen, schälen und in winzige Würfel schneiden. Die restlichen Eier verklopfen. Alle diese Zutaten mit dem Hackfleisch vermischen, einen Esslöffel Oel zugeben, die Masse mit Salz und Pfeffer abschmecken. Die Schulter mit der Farce füllen, die Öffnung mit einen Faden zuziehen oder zunähen.

Den Ofen auf höchste Regelstufe stellen. Die Schulter mit einer Nuss frischer oder salziger Butter einreiben, auf ein Ofenblech setzen, sechs Esslöffel Wasser in der Vertiefung des Bleches geben und in den Ofen schieben. 15 Minuten bei starker Hitze bräunen, Ofen kleiner stellen und nochmals eine Stunde braten lassen. Jede 10 Minuten mit dem Bratfett begiessen. Wenn die Schulter zu fettig ist, keine Butter gebrauchen. Erst gegen Ende der Garzeit salzen und pfeffern.

Wenn das Fleisch gar ist, herausnehmen, Fäden entfernen und direkt auf der Anrichteplatte in Scheiben schneiden. Mit dem Bratfett übergiessen. Dazu passen Pommes frites, gedünstetes oder gekochtes Gemüse die ebenfalls mit dem Bratensaft übergossen werden.

Gefüllte Kalbsbrust *Lahmat jouf mihchiya*

Zubereitung wie vorgenanntes Rezept. Anstelle der Schulter ein Seiten oder Mittelstück oder Brust vom Kalb verwenden. Vom Metzger ausbeinen lassen.

Gefüllte Lammkeule *Lahmat aalouch mhchi*

Lammkeule	**eine**	**Parmesan gerieben**	**50 g**
Eier	**vier**	**frische/salzige Butter**	**30 g**
Kartoffeln	**500 g**	**Knoblauchzehen**	**eine**
Petersilie	**100 g**	**Pfeffer**	**nach Geschmack**
Altbackenes Brot	**100 g**	**Salz**	**nach Geschmack**

Eine Lammkeule vom Metzger vorbereiten lassen. Zwei Eier hartkochen und schälen, beiseite stellen.

Die Fleischreste die beim Ausbeinen abfielen zu Mett verarbeiten. Ein kleines Bund Petersilie verlesen, waschen und feinwiegen. Das altbackene Bort reiben und durchsieben. Ein oder zwei Knoblauchzehen schälen, aber nicht mehr. Die zwei restlichen Eier verschlagen. Alle diese Zutaten mit dem zeriebenen Parmesankäse vermischen, mit Salz und Pfeffer abschmecken, dabei beachten das der Käse salzig ist. Die Keule auf den Tisch ausbreiten, mit etwas Pfeffer und Salz bestreuen, die Fleischoberfläche mit der Farce bestreichen, die hartgekochten Eier eins nach dem anderen in die Mitte legen, Fleisch zusammenrollen, die Keule ist im Endeffekt einer dicken Wurst ähnlich, mit gebrühtem Faden umwickeln.

Den Ofen auf höchste Regelstufe stellen, die Keule mit salziger oder frischer Butter einreiben, auf das Ofenblech legen, in der Vertiefung des Bleches drei oder vier Esslöffel Wasser geben, das Fleisch sollte nicht mit dem Wasser in Berührung kommen. Für 15 Minuten bräunen lassen, Ofen kleiner stellen und etwa eine Stunde weiterbraten. Die Keule ab und zu mit dem Bratensaft übergiessen. Bei halber Garzeit, die Kartoffeln schälen und in dicke Scheiben schneiden, mit Salz und Pfeffer bestreuen und rundum die Keule verteilen. Sobald das Fleisch gar ist (mit den Fingerspitzen nachprüfen) nachwürzen und aus dem Ofen nehmen.

Anrichten : Die Fäden von der Keule abziehen, in Scheiben schneiden auf eine Platte anrichten, mit dem Bratensaft begiessen und die Kartoffeln ringsherum verteilen. Sofort zu Tisch bringen.

Gefüllte Rouladen — *Lahmit ajil mihchiya*

Grosse Roulade (Kalb oder Rind)	**750 g**	**Eier**	**vier**
Kartoffeln	**300 g**	**Knoblauchzehen**	**zwei**
Petersilie	**100 g**	**Oel**	**4 Esslöffel**
Altbackenes Brot	**100 g**	**Tomatenmark**	**2 Esslöffel**
Geriebenen Parmesan	**50 g**	**Harissa**	**1/2 Esslöffel**
Zwiebeln	**50 g**	**Salz**	**nach Geschmack**
Oel	**nach Bedarf**	**Pfeffer**	**nach Geschmack**

Eine rechteckige Kalb oder Rindfleischroulade, ziemlich gross aber nicht zu dick. Bereiten Sie eine Farce wie im Rezept der Lammkeule, mit den gleichen Zutaten, mit der Farce das Fleisch bestreichen und mit Fäden umwickeln. Beiseite stellen.

Oel erhitzen, in einem Schnelltopf oder sonstigem Topf mit verschliessbarem Deckel. Das Fleisch mit einer feingewogenen Zwiebel darin von allen Seiten golbraun anbraten, salzen und pfeffern. Das Tomatenmark mit einem Glas Wasser verdünnen und das Harissa hinzufügen. Aufkochen lassen. Flamme kleiner stellen und während einundeinhalb bis zwei Stunden mit gut verschlossenem Deckel garen lassen. Ab und zu etwas Wasser nachfüllen, damit die Sosse nicht anbrennt, sie sollte aber dickflüssig sein. Wenn das Fleisch gar ist, die Sosse wenn nötig nachwürzen. Pommes frites zubereiten.

Anrichten : Die Fäden entfernen, in Scheiben schneiden und heiss mit Pommes frites servieren. Die Sosse gesondert reichen.

Fleisch mit Koriander — *Msilli*

Fleisch ohne Knochen	**750 g**	**Tabil**[2]	**1/2 Esslöffel**
Oel	**6 Esslöffel**	**Salz**	**nach Geschmack**
Harissa	**1 Esslöffel**	**Pfeffer**	**nach Geschamck**

Eier : zwei[1]

Oel erhitzen. Das Rind- oder Lammfleisch in regelmässige Stücke schneiden mit Tabil, Salz und Pfeffer würzen und ungefähr 10 Minuten in dem heissen Oel anbräunen. Das Harissa zufügen, mit Wasser bedecken. aufkochen, Flamme kleiner stellen und einundeinhalb Stunden, vielleicht wienger oder mehr je nach der Fleischqualität. Ab und zu einen Guss Wasser nachfüllen. Sobald das Fleisch gar ist (zwischen Daumen und Zeigefinger prüfen weniger die Sosse beikochen lassen bis das Wasser gänzlich verdunstet ist. Nachwürzen und von dem Feuer nehmen.

Anrichten : Der Msilli kann heiss oder kalt gegessen werden. Wenn er konserviert werden sollte, das Fleisch in seinem Bratensaft lassen. Beim Wiedergebrauch abtropfen lassen, wieder erwärmen und mit zwei leicht verschlagenen Eiern vermischen.

(1) Die Verwendung der Eier ist fakultativ. *(2) Tabil : Gewürzmischung, siehe Kapitel «Gewürze».*

Kifta mit Fleisch

Kifta bil Iham

Fleisch ohne Knochen	**400 g**	**Zwiebeln**	**eine**
Petersilie	**100 g**	**Paprikagewürz**	**1/2 Esslöffel**
Altbackenes Brot	**100 g**	**Oel**	**zum Ausbacken**
Mehl	**100 g**	**Salz**	**nach Geschmack**
Knoblauchzehen	**zwei**	**Pfeffer**	**nach Geschmack**

Das Fleisch zu Mett verarbeiten. Petersilie verlesen und feinwiegen. Zwiebel schälen und ebenfalls kleinhacken. Das altbackene Brot reiben und durch ein Sieb geben. Zwei bis drei Knoblauchzehen schälen und mit einer grossen Prise Salz im Mörser zerstossen. Fleisch und vorbereitete Zutaten vermischen, mit Paprikagewürz, Salz und Pfeffer würzen. Oel heiss werden lassen. Fleischbällchen in Nussgrössen aus dem Mett formen, leicht flach drücken, in Mehl wälzen und von beiden Seiten im Oel braten. Heiss mit Pommes frites und einer Tomatensosse servieren.

Panierte Schnitzel *Chrayah lham mkaffan*

Fleisch ohne Knochen	**600 g**	**Oel oder Butter**	**zum Braten**
Mehl oder Semmelmehl	**100 g**	**Salz**	**nach Geschmack**
Eier	**zwei**	**Pfeffer**	**nach Geschmack**

Folgende Fleischstücke eignen sich zum Schnitzel : Filet, Rumpsteak, Rostbeef vom Rind oder Kalb oder Scheiben von der Hammelkeule.

Fleisch in feine Scheiben schneiden, salzen und pfeffern und beiseite stellen. Oel oder Butter erhitzen, nicht zu heiss sonst brennt das Semmelmehl an bevor das Fleisch gar ist. Die zwei Eier verquirlen. Die Schnitzel zuerst im Ei tauchen, dann im Mehl oder Semmelmehl von beiden Seiten je fünf Minuten braten. Leicht salzen und pfeffern. Wenn Butter benutzt wurde, den Ansatz mit zwei Esslöffel Wasser lösen und den Saft einer Viertel Zitrone. Den Saft nicht über die Schnitzel träufeln, sondern extra reichen.

Paniertes Fleisch wird mit Pommes frites und in Butter geschwenktes oder gekochtes Gemüse gereicht : Karotten, grünen Bohnen usw... Nach Belieben mit frischen Tomatenscheiben, Zitronenachteln, entsteinten Oliven usw... garnieren.

Panierte Koteletts *Koustilyat mkafna*

Koteletts vom Kalb, Lamm oder Hammel vom Metzger vorbereiten lassen. Würzen, panieren, braten und so servieren wie die panierten Schnitzel. Sind die Koteletts dick, die Garzeit um zwei bis drei Minuten verlängern.

Panierte Schnitzel mit Käse *Lham mkaffan bij jbin*

Gleiche Zubereitung wie die Schnitzel und Koteletts. Unter das Mehl oder Semmelmehl 50 Gramm Parmesan oder 100 Gramm geriebenen Schweizer Käse mischen. Die Kruste bekommt durch den Käse einen vollkommeneren Geschmack.

Fleischbällchen mit Minze *Bnadaq*

Fleisch ohne Knochen	750 g	Bharat[1]	1/2 Esslöffel
Oel	6 Esslöffel	Getrocknete Minze	einige Stiele
Eier[2]	zwei	Tabil	1/2 Esslöffel
Harissa	1 Esslöffel	Salz und Pfeffer	nach Geschmack

Das Fleisch, vorzugsweise Rind und ohne Fett, zu Mett verarbeiten, mit Tabil, Bharat und der zerriebenen Minze vermischen. Mit Salz und Pfeffer würzen und Bällchen in Nussgrösse davon formen. Die Bällchen werden in Oel ausgebacken und genauso konserviert wie die Fleischstücke des Msilli.

(1) Bharat : Gewürzmischung aus Kaneel und Rosenknospen (siehe Kapitel «Gewürze»).
(2) Die sind fakultativ.

Lamm mit Petersilie *Akbab*

Lammfleisch	500 g	Oel	4 Esslöffel
Zwiebeln	zwei	Zitrone	eine
Salzige Butter (fakultativ)	15 g	Tomatenmark	1/2 Esslöffel
Petersilie	ein kleines Bund	Salz und Pfeffer	nach Geschmack

Petersilie verlesen und feinwiegen. Ebenfalls eine Zwiebel schälen und feinhacken. Das Fleisch in regelmässige viereckige Stücke schneiden mit Salz und Pfeffer würzen und 5 bis 6 Minuten im Fett anbraten, zusammen mit der Hälfte der geschnittenen Zwiebel. Das Tomatenmark zufügen, mit Wasser bedecken, umrühren und aufkochen lassen. Flamme kleiner stellen Topf zudecken und bei kleiner Flamme eine Stunde garen. Ab und zu umrühren und Wasser nachfüllen um die verdunstete Flüssigkeit auszugleichen. So bald das Fleisch gar ist, eine Nuss salzige Butter zugeben, die Sosse etwas beikochen lassen, mit einer Prise Pfeffer würzen und das Salz abschmecken. Vom Feuer nehmen.

Anrichten : Das Fleisch auf eine Platte geben oder direkt auf die Teller verteilen, mit der Sosse übergiessen und mit dem Rest feingehackter Zwiebel und Petersilie überstreuen. Mit Zitronenachteln servieren.

Lammfleisch mit Safran *Qulaya zaara*

Fleisch	**500 g**	**Oel**	**4 Esslöffel**
Gehackte Zwiebel	**100 g**	**Zitrone**	**eine**
Gehacktes Petersilie	**50 g**	**Safran**	**eine grosse Prise**
Salzige Butter (fak.)	**15 g**	**Salz und Pfeffer**	**nach Belieben**

Oel erhitzen und das Fleisch in regelmässige Stücke schneiden. Die Fleischteile salzen und pfeffern und einige Minuten im heissen Oel zusammen mit einem vollen Esslöffel feingewogener Zwiebel anbräunen. Mit Wasser auffüllen, aufkochen lassen, die Flamme kleiner stellen und eine Stunde bei zugedecktem Topf garen lassen. Ab und zu wenn nötig, Wasser nachgiessen. Wenn das Fleisch gar ist, den Safran, die Nuss salzige Butter und eine Messerspitze Pfeffer zugeben, vermischen. Die Sosse einen Moment beikochen lassen. Nachwürzen und vom Feuer nehmen.

Anrichten : Das Fleisch auf eine Platte geben, mit der Sosse übergiessen und sofort, mit einer Mischung Petersilie und feingeschnittenen Zwiebel sowie Zitronenachtel zu Tisch bringen.

Lamm mit Harissa *Qulaya hamra*

Gleiches Rezept wie vorheriges, die salzige Butter und den Safran durch einen halben Esslöffel Harissa ersetzen.

Lammfleisch und Innereien *Qulayit il Aid El Kebir*

Fleisch	**250 g**	**Milz**	**eine**
Leber	**100 g**	**Zitrone**	**eine**
Hammelhoden	**zwei**	**Gehackte Petersilie**	**2 Esslöffel**
Liya	**100 g**	**Gehackte Zwiebel**	**2 Esslöffel**
Hammelnieren	**zwei**	**Oel**	**4 Esslöffel**
Herz	**eins**	**Salz und Pfeffer**	**nach Geschmack**

Das Herz der Länge nach aufschneiden, die Blutklumpen herausschneiden, die grossen Adern und weisslichen Partien mit der Schere entfernen. Die Nieren säubern, aufschneiden und ebenfalls mit der Schere säubern. Wenn ihr Geruch zu stark ist, sie zwei oder drei Mal in Essigwasser legen, dann gut abwaschen. Die Milz und die Hoden säubern. Alle diese Zutaten gut waschen sowie das Fleisch, die Liya und die Leber. Alles in kleine regelmässige Stücke schneiden, mit Salz und Pfeffer würzen und 10 Minuten im heissen Oel mit einem Esslöffel Zwiebeln anbraten. Mit Wasser bedecken, aufkochen lassen, Flamme kleiner stellen und bei zugedecktem Topf für eine Stunde kochen. Ab und zu einen Guss Wasser nachfüllen, damit das Fleisch und die Innereien nicht austrocknen. Sobald das Herz und Fleisch gar sind, eine kleine Prise Pfeffer zugeben und den Bratensaft etwas beikochen lassen.

Anrichten : Die Qulaya sofort heiss servieren, mit der gehackten Zwiebel und Petersilie sowie Zitronenviertel gesondert reichen.

Kalbfleisch mit Knoblauch *Mithaouma*

Kalbfleisch	**500 g**	**Tomatenmark**	**1 Esslöffel**
Zwiebel	**100 g**	**Harissa**	**1/2 Esslöffel**
Kichererbsen	**50 g**	**Tabil**	**1/2 Esslöffel**
Oel	**6 Esslöffel**	**Paprikagewürz**	**1/2 Esslöffel**
Knoblauch	**eine Zwiebel**	**Salz**	**nach Geschmack**
Essig	**2 Esslöffel**	**Pfeffer**	**nach Geschmack**

Die Kichererbsen verlesn, waschen und 12 Stunden in frisches Wasser weichen. Abwaschen. Eine Zwiebel schälen und feinwiegen. Die Knoblauchzehen schälen und mit einer Prise Salz im Mörser zerstossen. Das Fleisch in gleichmässige Stücke schneiden. Oel erhitzen, Fleisch mit Tabil, Salz und Pfeffer würzen und einige Minuten im heissen Oel anbraten, zusammen mit der feingewogenen Zwiebel. Das Harissa, Tomatenmark, Paprikagewürz und die Kichererbsen zugeben, mit Wasser bedecken, aufkochen lassen. Flamme kleiner stellen, und für etwa eine Stunde garen. Ab und zu umrühren und wenn nötig Wasser nachgiessen um die verdampfte Flüssigkeit zu ersetzen. Sobald das Fleisch gar ist, den Knoblauch und Essig zufügen und bei offenem Topf nochmals zehn Minuten beikochen. Mit einer kleinen Prise Pfeffer würzen und das Salz abschmecken.

N.B. Das Tomatenmark kann durch ein Püree aus 250 Gramm frischen Tomaten ersetzt werden. Am Ende der Kochzeit kann noch zwei oder drei ganze Pfefferschoten zugegeben werden. Die gleichen Rezepte werden etwas weiter mit Kaldaunen von Kalb oder Lamm bezwungen Lammzunge aufgeführt.

Kalbfleisch mit Tomaten

Mirmiz bil ajil

Kalbfleisch[2]	**500 g**	**Oel**	**6 Esslöffel**
Frische Tomaten	**500 g**	**Harissa**	**1/2 Esslöffel**
Zwiebeln	**250 g**	**Tabil**	**1/2 Esslöffel**
Süsse Paprikaschoten	**200 g**	**Paprikagewürz**	**1/2 Esslöffel**
Frische Piments	**100 g**	**Salz**	**nach Geschmack**
Kichererbsen[1]	**100 g**	**Pfeffer**	**nach Geschmack**

Die Kichererbsen verlesen, waschen und über Nacht einweichen. Abwaschen. Die Paprikaschoten entkernen und in grosse Würfel schneiden. Die Tomaten waschen, zwei zurückbehalten für die Garnitur, den Rest in Stücke schneiden oder zu Püree verarbeiten. Die Zwiebeln schälen, eine kleinhacken die restlichen in Scheiben schneiden.

Oel erhitzen, das Fleisch in kleine regelmässige Stücke schneiden mit Tabil, Salz und Pfeffer würzen und einige Minuten im heissen Oel mit der gehackten Zwiebel, anbraten. Die Kichererbsen, Harissa, Paprikagewürz zufügen, vermischen. Mit Wasser bedecken, aufkochen lassen, die Flamme kleiner stellen und bei zugedecktem Topf schmoren lassen. Ab und zu umrühren und einen Guss Wasser nachgiessen. Sobald das Fleisch gar und die Kichererbsen weich sind, die frischen Tomaten, ganz, sowie die Piments in die Sosse geben. Nochmals 15 Minuten bei offenem Topf kochen, eine Prise Pfeffer zugeben und mit Salz abschmecken.

Anrichten : Das Fleisch auf eine Platte geben, die Sosse ringsherum giessen, die Tomaten und Piments auf die Sosse anrichten.

N.B. Anstelle des Kalbfleisch kann man auch Lamm oder Hammelfleisch verwenden. Die Tunesierinnen der Hauptstadt bereiten den Mirmiz im Sommer mit Zickenfleisch. Nichts verbietet Ihnen es auch mal zu probieren. Bei diesem Gericht sollte der säuerliche Geschmack der Tomaten vorherrschen.

(1) Die Kichererbsen sind überall auf den Märkten schon eingeweicht und fertig zum Gebrauch zu haben. Aber vor Gebrauch nochmals abwaschen.

Kalb mit Gambos — *Gnawiya bil ajil*

Kalbfleisch	**500 g**	**Oel**	**6 Esslöffel**
Frische Tomaten	**500 g**	**Harissa**	**1/2 Esslöffel**
Frische Gambos	**250 g**	**Paprikagewürz**	**1/2 Esslöffel**
Scharfe Paprika	**100 g**	**Tabil**	**1/2 Esslöffel**
Süsse Paprika	**200 g**	**Salz**	**nach Geschmack**
Zwiebeln	**100 g**	**Pfeffer**	**nach Geschmack**

Junge Gambos aussuchen, sie sind am zartesten. Die Gemüse entstielen und waschen. Zubereitung wie vorgenanntes Rezept, die Kichererbsen durch die Gambos ersetzen. Das Gemüse erst 20 Minuten vor Kochende zu der Sosse geben. Anstelle der frischen Gambos können auch die aus Dosen verwendet werden. Auch selbst getrocknete zu Hause gemacht können gebraucht werden, sie allerdings einige Minuten in heisses Wasser tauchen bevor man sie in die Sosse gibt.

Kalbfleisch mit Spinat — *Sibnakhiya*

Fleisch	**500 g**	**Tomatenmark**	**1 Esslöffel**
Spinat	**500 g**	**Harissa**	**1/2 Esslöffel**
Getr. weisse Bohnen	**100 g**	**Tabil**	**1/2 Esslöffel**
Zwiebeln	**100 g**	**Paprikagewürz**	**1/2 Esslöffel**
Zitrone	**eine**	**Salz**	**nach Geschmack**
Oel	**6 Esslöffel**	**Pfeffer**	**nach Geschmack**

Die getrockneten weissen Bohnen verlesen und über Nacht einweichen. Spinat verlesen, entstielen, die Blätter waschen, abtropfen lassen und zerkleinern. Eine Zwiebel schälen und feinwiegen. Oel erhitzen. Fleisch in regelmässige Stücke schneiden mit Salz und Pfeffer sowie Tabil einreiben und 5 bis 6 Minuten im heissen Oel anbraten, zusammen mit der Zwiebel. Den zerkleinerten Spinat, die Bohnen, Tomatenmark mit einem Glas Wasser verdünnt, Harissa und Paprikagewürz zufügen. zum Aufkochen bringen, den Topf zudecken. Flamme kleiner stellen und für einundeinhalb Stunden garen. Ab und zu umrühren und wenn nötig Wasser zugeben. Wenn das Fleisch gar ist und die Bohnen weich, die Sosse beikochen bis das Wasser total verdunstet ist. Eine Prise Pfeffer zugeben mit Salz abschmecken und heiss mit Zitronenviertel servieren.

Erbsen mit Lamm — *Marquit jilbana*

Hammelfleisch	**500 g**	**Tomatenmark**	**1 Esslöffel**
Erbsen(1)	**1,500 Kg**	**Harissa**	**1/2 Esslöffel**
Petersilie	**1 kleines Bund**	**Paprikagewürz**	**1/2 Esslöffel**
Zwiebeln	**eine kleine**	**Salz**	**Nach Geschmack**
Oel	**6 Esslöffel**	**Pfeffer**	**Nach Geschmack**

Die Erbsen ausdöpsen, waschen und in einem Sieb abtropfen lassen. Eine kleine Zwiebel schälen und feinwiegen. Oel in einem Topf erhitzen, (auch Schnelltopf). Das Fleisch in regelmässige Stücke schneiden, mit Salz und Pfeffer würzen und im heissen Oel fünf bis sechs Minuten zusammen mit der Zwiebel bräunen. Das Tomatenmark in einem Glas Wasser verdünnt, Harissa und Paprikagewürz zugeben, vermischen, zum Aufkochen bringen und den Topf zudecken. Flamme kleiner stellen und bei schwacher Hitze garen. Ab und zu Wasser nachfüllen damit die Sosse die ursprüngliche Flüssigkeitsmenge beibehält. Die Erbsen und das gehackte Petersilie zufügen, umrühren und nochmals 20 Minuten kochen. Wenn das Fleisch gar ist, die Sosse etwas beikochen, eine Prise Pfeffer zugeben, mit Salz abschmecken und heiss servieren.

(1) Anstelle der frischen Erbsen können auch die aus Dosen gebraucht werden, oder getrocknete Erbsen, die vorher verlesen, gewaschen und zwei Stunden eingeweicht worden sind.

Hammelfleisch mit Artischocken *Marquit gannariya zaara*

Hammelfleisch	**500 g**	**Oel**	**6 Esslöffel**
Artischocken[3]	**ein Dutzend**	**Gemahlener Safran[2]**	**1 Prise**
Zitrone	**zwei**	**Salz**	**nach Geschmack**
Gehackte Zwiebel	**eine kleine**	**Pfeffer**	**nach Geschmack**

Oel erhitzen. Das Fleisch in regelmässige Stücke teilen, mit Salz und Pfeffer würzen und einige Minuten im heissen Fett gold braun zusammen mit der feingewogenen Zwiebel anbraten. Mit Wasser bedecken, aufkochen und eine Stunde zugedeckt garen. Ab und zu umrühren und etwas Wasser nachfüllen um die verdampfte Flüssigkeit zu ersetzen.

In der Zwischenzeit die Artischocken von den Stielen abtrennen, ein Blatt nach dem anderen mit der Hand abreissen, die Herzen von dem Stroh befreien. Die Artischockenböden mit dem Messer säubern, sträuhnige Stellen herausschneiden. Mit Zitronensaft einreiben damit sie nicht schwärzen. Eine mittlere Zitrone wie eine Orange schälen, entkernen und in Scheiben schneiden. Wenn das Fleisch gar ist, die Artischockenböden und die Zitronenscheiben in die Sosse geben sowie eine Messerspitze gemahlenen Safran und nochmals für 20 Minuten garen. Mit Salz und Pfeffer abschmecken und heiss servieren.

(2) Der Safran ist nicht unbedingt erforderlich.
(3) Können durch die in Dosen oder Gläsern ersetzt werden. Wenn die frischen Artischocken sehr zart sind, kann man sie auch in Viertel schneiden, die Blätter mit der Schere etwas kürzen und das Stroh ent femen ernen.

Lammfleisch mit Kartoffeln *Kabama*

Lammfleisch	**750 g**	**Zwiebel**	**eine kleine**
Kartoffeln	**750 g**	**Zitrone**	**eine**
Oel zum Braten	**4 Esslöffel**	**gemahlenen Safran**	**eine Prise**
Oel	**zum Ausbacken**	**Salz**	**nach Geschmack**
frische/salzige Butter	**eine Nuss**	**Pfeffer**	**nach Geschmack**

Das Fleisch in regelmässige Stücke zerteilen mit Salz und Pfeffer würzen. Eine Zwiebel schälen und feinwiegen. Oel in einem Topf erhitzen, sobald es anfängt zu räuchern, die Fleischstücke mit der Zwiebel darin anbraten. Wenn das Fleisch goldbraun wird, mit einem halben Liter Wasser auffüllen, aufkochen lassen. Flamme kleiner stellen und bei zugedeckten Topf mindestens eine Stunde schmoren lassen. In der Zwischenzeit das Oel zum Ausbacken erhitzen. Die Kartoffeln schälen und in ein Zeintimeter dicke Scheiben oder Stäbchen schneiden, gut abtrocknen und in kleinen Mengen in dem heissen Fett golden ausbacken, abtropfen lassen und mit wenig Salz bestreuen.

Sobald das Fleisch gar ist, die Pommes frites in die Sosse geben, nochmals für 10 Minuten garen. Die Sosse beikochen lassen, die salzige Butter zugeben, die Speise mit einem Esslöffel aufgelösten Safran überträufeln. Salz und Pfeffer abschmecken und heiss Mit Zitronenachteln servieren.

N.B. Die Pommes frites können auch als Beigabe gereicht werden, dann die Sosse gesondert reichen.

Lammbraten mit Kartoffeln — *Koucha bil aalouch*

Hammelfleisch	**750 g**
Kartoffeln	**750 g**
Petersilie	**ein Bund**
Zwiebel	**eine kleine**
Tomatenmark	**1 Esslöffel**
Harissa	**1/2 Esslöffel**
Zitrone	**eine**
Oel	**6 Esslöffel**
Frische Tomaten	**zwei**
Süsse Paprikaschoten	**zwei**
Safran	**eine Prise**
Salz und Pfeffer	**nach Geschmack**

Den Ofen auf höchster Regelstufe stellen. Eine kleine Zwiebel schälen und feinwiegen. Das Fleisch in vier oder fünf Stücke zerteilen mit Salz und Pfeffer würzen und zusammen mit der Zwiebel in einen feuerfesten Topf legen, Tomatenmark, Harissa und Oel zugeben und mit einem halben Liter Wasser auffüllen und vermischen. Den Topf in den Ofen schieben, Hitze reduzieren und für eine Stunde braten lassen. Öfter das Fleisch mit dem Bratensaft begiessen, wenn nötig Wasser nachfüllen.

In der Zwischenzeit die Kartoffeln schälen und in Viertel schneiden. Petersilie verlesen, waschen und kleinhacken. Die Tomaten entkernen und in Viertel schneiden. Die Pfefferschoten entstielen das Kerngehäuse herausnehmen und der Länge nach in vier Teile schneiden. Die Zitrone waschen und in dünne Scheiben schneiden. Eine Prise gemahlenen Safran in ein weing Wasser lösen. Die Kartoffeln, Tomatenscheiben und Pfefferschoten in die Sosse geben, mit dem Safran begiessen und nochmals 30 Minuten im Ofen überbacken. Prüfen ob die Kartoffeln gar sind mit Salz und Pfeffer abschmecken und aus dem Ofen nehmen. Die Sosse sollte etwas dicklich sein.

Anrichten : Die Fleischstücke auf eine Platte oder direkt auf die Teller verteilen, die Kartoffeln ringsherum anrichten, mit der Sosse begiessen und mit den Paprikaringen und Tomaten- und Zitronenscheiben garnieren. Zuletzt mit der gehackten Petersilie bestreuen. Heiss servieren.

Kalbfleisch mit Auberginen *Mdarbil badhinjane*

Kalbfleisch	**500 g**	**Tomatenmark**	**1 Esslöffel**
Auberginen	**500 g**	**Harissa**	**1/2 Esslöffel**
Zwiebel	**100 g**	**Paprikagewürz**	**1/2 Esslöffel**
Kichererbsen	**50 g**	**Tabil**	**1/2 Esslöffel**
Oel zum Braten	**4 Esslöffel**	**Oel**	**zum Ausbacken**
Essig	**2 Esslöffel**	**Salz/Pfeffer**	**nach Geschmack**

Die Kichererbsen verlesen, waschen und über Nacht einweichen. Abwaschen und abtropfen lassen. Man kann die Kichererbsen auch fertig eingeweicht auf dem Markt erstehen, dann vor Gebrauch nochmals abwaschen. Die Auberginen, von mittlerer Grösse, entstielen und der Länge nach durchschneiden. Die Hälften in dicke Scheiben oder Würfel schneiden, mit Salz und Pfeffer bestreuen und gute 30 Minuten entwässern lassen. Dann sorgfältig abtrocknen, nicht mehr abwaschen.

Oel in einem Topf erhitzen. Eine kleine Zwiebel schälen und feinwiegen. Das Fleisch in regelmässige Stücke schneiden mit Tabil, Salz und Pfeffer würzen, zusammen mit der Zwiebel im heissen Fett einige Minuten anbraten. Zuerst das Tomatenmark mit einem Glas Wasser verdünnt zugeben, dann das Harissa, das Paprikagewürz und die Kichererbsen, mit Wasser bedecken, aufkochen lassen, Flamme kleiner stellen Topf zudecken und einundeinhalb Stunden kochen. Öfters umrühren und wenn nötig Wasser nachfüllen damit die Sosse die ursprüngliche Flüssigkeit beibehält. In der Zwischenzeit, das Oel zum Ausbacken in einer tiefen Pfanne erhitzen. Die Auberginen darin ausbacken bis die Haut runzelig wird und das Fruchtfleisch goldbraun. Herausnehmen und abtropffen lassen. Sobald das Fleisch das Fleisch gar ist und die Kichererbsen weich sind, die Auberginenstücke in die Sosse geben, mit Essig überträufeln und bei offenem Topf nochmals 10 Minuten ziehen lassen. Eine Prise Pfeffer zufügen, Salz abschmecken. Vom Feuer nehmen und sofort servieren. Das Gericht sollte leicht nach Essig duften.

Gemüseallerlei mit Kalbfleisch — *Marquit ommalah*

Kalbfleisch	**500 g**	**eingelegte Zitrone**	**eine kleine**
Gemüseallerlei(1)	**100 g**	**Oel**	**6 Esslöffel**
Oliven	**100 g**	**Tomatenmark**	**1 Esslöffel**
Piments «Soudani»	**50 g**	**Paprikagewürz**	**1/2 Esslöffel**
Weisse Bohnen (getr.)	**50 g**	**Tabil**	**1/2 Esslöffel**
Kapern	**25 g**	**Salz**	**nach Geschmack**
Zwiebeln	**eine**	**Pfeffer**	**nach Geschmack**

Die weissen Bohnen über Nacht einweichen. Vor Gebrauch nochmals abwaschen; eine kleine Zwiebel feinschneiden. Oel in einem Topf heiss werden lassen. Das Fleisch in regelmässige Stücke schneiden mit Tabil. Salz und Pfeffer würzen, in dem heissen Fett zusammen mit der Zwiebel anbräunen. Zuerst das Tomatenmark, in einem Glass Wasser verdünnt zugeben dann das Harissa, das Paprikagewürz und die Bohnen, vermischen, mit Wasser auffüllen und zugedeckt einundeinhalb Stunden garen. Öfter umrühren und das verkochte Wasser ersetzen.

Das eingesalzene Gemüseallerlei sorgfältig abwaschen und in kleine Würfel schneiden. Die Oliven entkernen. Eine kleine eingelegte Zitrone entkernen, nicht schälen, und in kleine Würfel schneiden. Wenn das Fleisch gar ist (zwischen Daumen und Zeigefinger drücken und prüfen ob es gar ist) und die Bohnen weich sind, die Gemüsestücke, Zitronenwürfel, die Oliven, Kapern und eingelegte Piments hinzufügen. Nochmals bei offenem Topf eine Viertel Stunde kochen, bis das Gemüse weich und die Sosse beigekocht ist. Mit einer Prise Pfeffer würzen und sofort servieren.

(1) Gemüseallerlei : verschiedene Gemüse in Salzlösung wie Karotten, weisse Rüben, Petersilienstengel usw...

Hackfleisch mit Gemüseallerlei *Tajine mirgaz*

Kalbfleisch	**500 g**	**Tomatenmark**	**1 Esslöffel**
Kartoffeln	**250 g**	**Harissa**	**1/2 Esslöffel**
Kapern	**50 g**	**Paprikagewürz**	**1/2 Esslöffel**
Piments «Soudani»	**50 g**	**Tabil**	**1/2 Esslöffel**
Eier	**2 - 3**	**Oel**	**zum Ausbacken und Braten**
Knoblauchzehen	**zwei**	**Salz und Pfeffer**	**nach Geschmack**
eingelegte Zitrone	**eine**		

getrocknete Minze : einige Stiele

Ein Pfund mageres Kalbfleisch oder Hammelfleisch zu Hack verarbeiten mit Tabil, Salz und Pfeffer würzen und einen Teelöffel geriebene Minze zugeben, alles gut vermischen. Von der Masse kleine Stäbchen, nicht grösser als der kleine Finger, formen und beiseite stellen. Zwei Knoblauchzehen schälen und zusammen mit einer Prise Salz im Mörser zerstossen. Drei bis vier Esslöffel Oel in einem Topf erhitzen, das in etwas Wasser verdünnte Tomatenmark, Harissa, Knoblauch und Paprikagewürz zu dem Fleisch geben, zwei oder drei Minuten ständig mit dem Holzlöffel umrühren, ein grosses Glas Wasser zufügen, aufkochen, Flamme kleiner stellen und zugedeckt eine viertel Stunde kochen lassen. Die Fleischstäbchen in die Sosse geben und dreiviertel Stunde garen lassen. Ab und zu vorsichtig umrühren und das verdunstete Wasser nachfüllen.

In der Zwischenzeit, die Kapern entstielen, die eingelegte Zitrone abwaschen, entkernen und in kleine Würfel schneiden. Die Eier hartkochen, abschrecken, schälen und vorsichtig in Viertel schneiden damit das Eigelb nicht beschädigt wird. Oel zum Ausbacken in einer tiefen Pfanne erhitzen. Die Kartoffeln schälen und in feine Scheiben schneiden oder regelmässige Stäbchen schneiden, sie sollten nicht grösser als die Fleischstücke sein. Kartoffeln abtrocknen und im heissen Fett ausbacken bis sie goldbraun sind, mit der Schöpfkelle herausnehmen, mit Salz und Pfeffer bestreuen.

Wenn das Fleisch gar ist, die Kapern, Zitronenwürfel und die Piments hinzugeben, nochmals einige Minuten ziehen lassen bis diese Zutaten weich sind, die Sosse beikochen, wenn nötig nachwürzen und vom Feuer nehmen.

Anrichten : Das Fleisch inmitten der Platte anrichten mit der Sosse übergiessen, die Piments, harten Eier und gebratenen Kartoffeln fingsnerum garnieren, heiss servieren.

Hammfleisch mit Maronen *Marquit quastal*

Grundrezept

Hammelfleisch	**1 Kg**	**Kichererbsen**	**100 g**
getr. Maronen	**300 g**	**Oel**	**12 Esslöffel**
Zucker	**150 g**	**Bharat**	**1/2 Esslöffel**
Rosinen	**100 g**	**Pfeffer**	**1/2 Teelöffel**

Salz nach Geschmack

Die Kichererbsen verlesen und abwaschen, über Nacht ein weichen. Vor Gebrauch nochmals abwaschen. Die getrockneten Maronen auf gleiche Weise vorbereiten.

Das Oel in einem Topf erhitzen. Das Fleisch von der Schulter oder Keule ausschneiden, Fett abschneiden, nicht ausbeinen. Fleisch in grosse regelmässige Stücke zerteilen mi Bhara, Salz und Pfeffer einreiben und während 8 bis 10 Minuten im heissen Fett anbraten, öfter mit dem Holzlöffel umrühren. Wenn das Fleisch kräftig angebräunt ist die Kichererbsen und die Maronen hinzufügen, mit Wasser bedecken, aufkochen, bei schwacher Hitze, zugedeckt für einundeinhalb Stunden schmoren lassen. Öfter umrühren und das verkochte Wasser ersetzen. Sobald das Fleisch, die Kichererbsen und die Maronen gar sind, den Zucker sowie die vorhergewaschenen Rosinen dazugeben und bei offenem Topf solange kochen bis alles Wasser verdunstet ist.

N.B. Dieses Gericht wird im allgemeinen ein Mal im Jahr zubereitet und zwar zum Aid el Kebir (Mohammedanisches Opferfest). Es kann kalt oder warm verzehrt werden und auch mehrere Tage an einem kühlen Ort konserviert werden.

Hammelfleisch mit Quitten *Marquit sfargil*

Zubereitung wie das Grundrezept. Anstelle der Maronen zwei reife Quitten wählen, schälen und das Kerngehäuse entfernen, in Viertel schneiden und etwa vor Ende der Kochzeit in die Sosse geben, nur um sie weicher werden zu lassen.

Hammfleisch mit Aprikosen *Michmachiya*

Gleiche Zubereitung wie das Grundrezept. Die Maronen durch ein Pfund frische Aprikosen(1), gewaschen und halbiert ersetzen. Nur eben vor Ende der Kochzeit in die Sosse geben.

(1) oder aus Dosen

Hammfleisch mit Mandeln *Mrouziya*

Zubereitung wie das Grundrezept. Anstelle dar Maronen Mandeln gebrauchen. Die Mandeln einige Minuten in heisses Wasser ziehen lassen und die Haut abziehen. Zusammen mit den Kichererbsen in die Sosse geben. In Mitteltunesien ist es gebräuchlich die Mrouziya auch noch mit Kürbiswürfel zu zubereiten die zur gleichen Zeit wie die Rosinen etwa 5 bis 10 Minuten vor Kochende in die Sosse gegeben werden.

Hammelfleisch mit Pflaumen *Marquit aouina*

Rezept wie vorheriges, mit den gleichen Zutaten, die Maronen durch die gleiche Menge getrockneter Pflaumen, sorgfältig gewaschen und eine Stunde vor Gebrauch im Wasser eingeweicht, nochmals abwaschen abtropfen und entsteinen, ersetzen. Die Pflaumen zur gleichen Zeit mit den Rosinen in die Sosse geben.

Hammelfleisch mit Rosinen(2) *Aquid*

Lammfleisch	1 Kg	Oel	6 Esslöffel
Rosinen	250 g	Safran	1/2 Teelöffel
Kichererbsen	250 g	Pfeffer	1/2 Teelöffel
Staärkemehl	100 g	Salz	nach Geschmack

Die Kichererbsen verlesen, abwaschen und über Nacht im Wasser einweichen. Vor Gebrauch nochmals abwaschen. Oel in einem Topf erhitzen. Knochen aus dem Fleisch ausbeinen, in regelmässige Stücke schneiden, nicht grösser als eine Nuss, mit Salz und Pfeffer würzen und im heissen Fett fünf bis sechs Minuten anbraten. Die Kichererbsen zugeben gerade eben mit Wasser bedecken, Topf zudecken und eine Stunde unter mehrmaligen Umrühren auf kleiner Flamme schmoren lassen.

In der Zwischenzeit, ein viertel Liter Wasser, lauwarm, in eine Schüssel giessen, das Stärkemehl in kleinen Mengen zugeben und mit dem Schneebesen solange schlagen bis eine gleichmässige Masse entsteht. Wenn das Fleisch gar ist und die Kichererbsen weich sind, mit dem Safran bestreuen, die Rosinen, gewaschen und verlesen, untermischen, sowie das Stärkemehl unterrühren und bei schwacher Hitze, unter ständigem Rühren mit den Holzlöffel weitergaren. Wenn die Masse kremig wird, nachwürzen und vom Feuer nehmen.

(2) Rezept aus dem Gouvernorat von Gabes.

Lamm im Tonkrug *Lahmat Charbiya*

Lammfleisch
gehackte Zwiebeln
zerhackte Petersilie
Frische Butter oder Smann
Salz und Pfeffer
Zitrone

Einen nicht glasierten Tonkrug mit breiter Öffnung gründlich spülen. Die Grösse des Tonkruges je nach der Menge des Fleisches wählen. Das Fleisch in gleichgrosse Stücke zerteilen, mit feinem Salz und gemahlenem Pfeffer würzen und mit frischer Butter oder Smann einreiben. Eine gute Handvoll gehackte Petersilie unter das Fleisch mischen. Die Fleischstücke in den Tonkrug legen, ohne jegliche Sosse und Gemüse. Die Tonkrugöffnung mit dem dazugehörenden Deckel schliessen (oder einfach einen kleinen Teller benutzen) Die Ritzen der Öffnung mit Gips oder einfach mit im Wasser aufgeweichtes und ausgedrücktes Weissbrot abdichten.

Den Tonkrug unter die glühende Asche eines Tabounaofens(1) oder unter die Glut eines Holzkohlenfeuer legen. Benötigte Garzeit etwa zwei bis drei Stunden.

Anrichten : Sorgfältig den Deckel des Tonkruges entfernen, den Inhalt auf einen Servierteller geben. Das Fleisch heiss mit einer Mischung aus feingehackter Petersilie und Zwiebeln sowie Zitronenviertel servieren.

(1) Tabouna : Rustikaler traditionneller Familienofen aus gebrannter Erde, in Form eines abgestumpften Kegels, direkt auf den Boden gesetzt.

Die Innereien

Zturki

Vorbereitung der Innereien

Das Hirn : Hirn, vom Kalb oder Lamm, säubern, im frischen Wasser wässern, Haut abziehen und von den Äderchen befreien. Nochmals gründlich abwaschen und einige Minuten in kochendes Wasser blanchieren, nur um es fester werden zu lassen und weiter nach Anleitung des Rezeptes zubereiten.

Die Hoden : Hoden säubern, waschen, eine halbe Stunde in Essigwasser wässern. Sorgfältig abspülen und in Stücke oder Scheiben schneiden, je nach Rezept.

Die Zunge : Die Zunge gründlich waschen und gut abbürsten. Nochmals abwaschen. Dann einige Minuten in kochendes Wasser tauchen. Herausnehmen, der Länge nach einschneiden und mit den Fingern die Haut abziehen und die Knorpel entfernen.

Lammkopf : Der Lammkopf wird im allgemeinen schon gesäubert beim Metzger gekauft. Nochmals sorgfältig und gründlich unter fliessendem Wasser abspülen, vor allem in den Ohren und den Nasenlöchern. Der Kopf wird entweder ganz gelassen oder je nach Anleitung des Rezeptes verwendet.

Kalbskopf : Das Fleisch des Kalbkopfes, schon fertig gesäubert beim Metzger zu kaufen, ist, was immer man auch sagt, zart und saftig. Die Hauptsache man versteht es ihn zu reinigen.

Das Fleisch unter fliessendem Wasser waschen, Knochen ausbeinen, die Knorpel und das Fett herausschneiden. Nochmals abwaschen, in Stücke schneiden und wie Rind- oder Lammfleisch verwenden.

Die Nieren : Jede einzeln gründlich säubern, das Fett abschneiden, halbieren ohne jedoch die Teile zu trennen. Die Harnstränge und weissen Stellen abschneiden und nochmals abwaschen. Wenn die Nieren einen zu starken Geruch haben, in einer Seihe mit kochendheissem Essigwasser übergiessen, wenn nötig den Vorgang mehrmals wiederholen. Dann nochmals gründlich abspülen.

Das Herz : Das Herz der Länge nach einschneiden, von den Sehnen und Blutklumpen befreien auch die weissen Stellen entfernen. Gründlich abspülen und je nach Rezeptanweisungen zubereiten.

Die Lammlungen : Die Lungen von Herz und Luftröhre trennen, je in vier oder fünf Stücke schneiden, 10 Minuten in kochendes Wasser blanchieren, gründlich abspülen und abtropfen lassen.

Die Leber : Die vom Kalb ist sehr geschätzt, aber die vom Lamm ist viel zarter und feiner im Geschmack, dagegen ist die vom Rind oder Hammel zäher und hat einen starken Geruch. Die Leber abspülen, mit der Schere die Harnstränge und weissen Stellen abschneiden und nochmals abwaschen.

Die Eingeweide : Die Eingeweide (dawara) wie die aller Wiederkäuer besteht hauptsälich aus : dem Panzen (Kircha) die grosse Tasche mit den glatten Innenwänden, die Haube (quoufiya), kleine Tasche deren Inneres an Bienenwaben erinnert, den Blättermagen (Oum Lawraq), den Labmagen (bou binout) mit bräunlichen Zotteln bedeckt, die kleinen Eingeweide (mosrana) die für die Würstchen verwendet werden, und die grossen Därme (ommok Aicha) das alles ist mit einer fettigen Membrane umgeben, das Netz (rda). Diese Einzelheiten mögen Ihnen überflüssig erscheinen, sind aber eine grosse Hilfe für die Zubereitung der kulinarischen Rezepte mit Innereien.

Die verschiedenen Magen und Därme mit dem Messer trennen. Den Panzen, Blätter- und Labmagen ausschneiden, entleeren, gründlich abwaschen und eine oder zwei Minuten in kochendes Wasser tauchen, wenn sie noch warm sind, mit dem Messer reinigen, um die bräunlichen Stellen zu entfernen, abspülen. Die Haube und den Dickdarm umwenden und auf gleiche Weise säubern. Die Enden des kleines Darms an den Wasserhahn festklemmen und Wasser durchlaufen lassen bis er vollkommen sauber und fast durchsichtig wird.

Die Klopse *Aosbanes*

Verdauungsorgane vom Lamm	**einen ganzen**	**Kichererbsen**	**50 g**
Lunge vom Lamm	**zwei**	**Reis**	**50 g**
Herz vom Lamm	**ein**	**Oel**	**4 Esslöffel**
Leber vom Lamm	**200 g**	**Getr. Minze**	**1 kleines Bund**
Liya (Schwanzfett)	**150 g**	**Tabil**	**1/2 Esslöfel**
Mangold 250 g	**250 g**	**Harissa**	**1/2 Esslöffel**
Zwiebeln	**100 g**	**Paprikagewürz**	**1/2 Esslöffel**
Petersilie	**100 g**	**Pfeffer/Salz**	**nach Geschmack**

Die Kichererbsen verlesen, waschen und über Nacht einweichen. Abspülen. Man kann auch die schon fertig eingeweichten im Handel verwenden. Die Lunge, Herz, Leber, Lab- und Blättermagen sowie das Schwanzfett (Liya) in winzige Stücke schneiden, nicht grösser als eine weisse Bohne. Das Bund getrocknete Minze verlesen, die Blätter abstreifen und zwischen den Handflächen zerreiben. Den Reis verlesen, waschen und 10 Minuten in Salzwasser garen, abtropfen lassen. Mangold und Petersilie verlesen und Kleinhacken. Alle diese Zutaten mit drei bis vier Esslöffel Oel vermischen, mit Harissa, Tabil, Paprikagewürz und Pfeffer würzen und nach Geschmack salzen.

Zuerst die Haube mit der Farce füllen und die Öffnung zunähen. Dann den Dickdarm füllen und an beiden Enden zunähen. Zuletzt den Panzen und das Netz in Vierecke schneiden, etwa 15 bis 20 Zentimeter, in der Mitte ein oder zwei Esslöffel Farce geben, überschlagen und zunähen. Solange weiter machen bis alle Zutaten verbraucht sind.

Gefüllter Dickdarm auf Sfaxer Art *Zaid*

Lammdickdarm	**einen**	**Oel**	**2 Esslöffel**
Lammleber	**250 g**	**getr. Minze**	**einige Stiele**
Lammfett	**100 g**	**Paprikagewürz**	**1/2 Esslöffel**
Zwiebeln	**200 g**	**Ras il hanout**	**1/2 Esslöffel**
Reis oder Hartweizen	**100 g**	**Pfeffer**	**nach Geschmack**
Mangold oder Spinat	**1 Bund**	**Salz**	**nach Geschmack**

Den Dickdarm, wie am Anfang dieses Kapitels beschrieben, vor bereiten. Die Leber und das Fett in winzige Würfel schneiden. Die Zwiebeln schälen und feinwiegen. Die Blätter eines grossen Bundes Mangold oder Spinat verlesen, waschen und kleinhacken. Die Blätter von der getrockneten Minze verlesen, mit den Handflächen zerreiben und durchsieben Reis oder Hartweizengriess verlesen, waschen. Alle diese Zutaten mit zwei oder drei Esslöffel Oel vermischen, die Gewürze zufügen, nach Geschmack salzen, den Darm mit der Farce füllen und die Enden zunähen.

Der gefüllte Darm kann entweder geschmort, gebraten, in Ragout oder im Malthouth, Cous-Cous oder Nudeln verwendet werden.

Gefüllter Dickdarm *Kawayaris*[1]

Hammelfleisch	**1,500 Kg**	**Dickdarm vom Schaf**	**einen**
Liya (Lammfett)	**100 g**	**Schwarzer Pfeffer**	**1/2 Esslöffel**
altbackenes Brot	**100 g**	**Safran**	**1/2 Teelöffel**
Eier	**vier**	**Salz**	**nach Geschmack**

Eine Lammkeule ausbeinen. Das Fleisch zu Mett verarbeiten das Schwanzfett in winzige

Stücke schneiden. Das Brot reiben und durchsieben. Die Eier mit der Gabel verschlagen. Alle diese Zutaten vermischen den schwarzen Pfeffer und Safran zufügen, nach Geschmack salzen. Einen Dickdarm vom Lamm vorbereiten, siehe obenstehende Beschreibung, mit der Farce füllen und an den Enden zunähen. Wie die Klopse kann der gefüllte Dickdarm (Wurst) in einer Sosse gegart, als Braten mit Kartoffeln oder mit Kuskus, Nudeln oder Reis zubereitet werden.

(1) Rezept aus dem Gouvernorat von Nabeul.

Gefüllter Dickdarm geschmort — *Mibaar mihchi*

Dickdarm vom Schaf	**einen**	**Oel**	**6 Esslöffel**
Lammfleisch	**250 g**	**Safran**	**eine grosse Prise**
Lammleber	**250 g**	**Zitrone**	**eine**
Liya (Lammfett)	**100 g**	**Pfeffer**	**nach Geschmack**
Gehackte Petersilie	**100 g**	**Salz**	**nach Geschmack**

Den Dickdarm vorbereiten und beiseite stellen. Eine Farce wie folgt zubereiten : Fleisch durch den Wolf drehen. Die Leber und das Fett in winzige Stücke schneiden. Alle diese Zutaten mit einen oder zwei Löffel Oel vermischen, die Masse mit Safran oder Kurkuma würzen und nach Geschmack salzen und pfeffern. Den Darm mit der Farce füllen, die Enden zunähen und den Darm mehrmals einstechen, am besten mit einer Nadel, damit er während der Kochzeit nicht platzt.

Oel in einem Topf erhitzen und den Darm darin einige Minuten von allen Seiten anbraten, mit Wasser auffüllen, aufkochen lassen. Flamme kleiner stellen und zugedeckt etwa eine Stunde schmoren. Ihn mehrmals wenden und wenn nötig Wasser nachfüllen. Wenn der Darm gar ist, die Sosse etwas beikochen, Salz abschmecken und vom Feuer nehmen.

Anrichten : Den gefüllten Darm in Scheiben schneiden mit der Sosse übergiessen und mit der gehackten Petersilie überstreuen. Heiss mit Zitronenachteln servieren.

(1) gegrilltes Weissbrot, gerieben und durchgesiebt.

Panierte Kalbszunge — *Lsan mkaffan*

Zunge vorbereiten, während mindestens einer Stunde in Salzwasser garen, abtropfen lassen und in feine Scheiben schneiden. Die Scheiben marinieren, panieren und braten. Wie paniertes Kalbshirn servieren.

Paniertes Hirn — *Mokh mkaffan*

Hirn	**500 g**	**Mehl**	**2 Esslöffel**
Petersilie	**50 g**	**Kartoffeln**	**200 g**
Zwiebeln	**50 g**	**Kopfsalat oder Chicoree**	**einige Blätter**
Eier	**zwei**	**Salz und Pfeffer**	**nach Geschmack**
Zitrone	**eine**	**Oel**	**zum Braten**

Das Kalbshirn (oder zwei vom Lamm) vorbereiten, wie oben beschrieben, in Scheiben gleicher Grösse schneiden mit Salz und Pfeffer bestreuen, Oel und Zitronensaft überträufeln und 25 bis 30 Minuten darin marinieren lassen. Eine kleine Zwiebel und einige Stiele Petersilie kleinhacken. Die Eier, Zwiebeln und Petersilie in einen tiefen Teller verschlagen, salzen und pfeffern. Oel in einer Pfanne erhitzen. Die Hirnscheiben zuerst in die verschlagenen Eier tauchen, dann im Mehl oder Paniermehl[1] wälzen und golden von beiden Seiten, je drei bis vier Minuten, ausbacken, abtropfen lassen.

Anrichten : Die panierten Hirnscheiben mit Bratkartoffeln, in Wasser gekochtes oder in Fett geschwenktes Gemüse servieren. Mit einigen Blättern Kopfsalat oder Chicoree und Zitronenscheiben garnieren.

Gefüllte Kalbszunge *Lsan mihchi*

Kalbszunge	**eine**	**Petersilie**	**einige Stiele**
Eier	**vier**	**Knoblauch**	**einige Zehen**
Zwiebeln	**eine**	**Pfeffer**	**1/2 Teelöffel**
Oel	**6 Esslöffel**	**Salz**	**nach Geschmack**
Tomatenmark	**100 g**	**Gemüse**	**für die Garnitur**

Die Kalbszunge gründlich abwaschen und abbürsten sowie säubern wie am Anfang dieses Kapitels beschrieben. Das Fleisch des hinteren Zungenteils abschneiden und feinhacken. Mit einem scharfen Messer die Zunge vorsichtig aushöhlen, die Öffnung mit einem Nudelholz oder sonstigem Gegenstand erweitern, ohne sie jedoch zu beschädigen. Das herausgeschnittene Fleisch ebenfalls zerkleinern.

Drei Eier hartkochen und schälen. Die Zwiebeln schälen und einige Petersilienstengel verlesen und waschen, alles feinwiegen. Das gehackte Fleisch, Petersilie und die Zwiebeln vermischen, mit Salz und Pfeffer würzen. Die Masse in eine Terrine ohne Wasser, nur mit einem Esslöffel Oel oder einer Nuss Butter unter ständigem Rühren eine Viertel Stunde garen. Von der Flamme nehmen, die Masse erkalten lassen, dann ein rohes Ei untermischen. Die Zunge wie folgt füllen : zuerst ein geschältes hartes Ei in die Öffnung geben mit ein Drittel der Farce bedecken, nochmals ein Ei mit ein Drittel der Farce bedecken, das restliche Ei und die Farce nachfüllen, die Öffnung zunähen. Die Knoblauchzehen schälen und zerhacken.

Oel erhitzen, den gehackten Knoblauch, Tomatenmark dazugeben, nach Geschmack salzen und pfeffern. Die Zunge in die Sosse geben, mit Wasser bedecken, aufkochen, Flamme kleiner stellen und ca. zwei Stunden zugedeckt schmoren lassen. Wenn die Zunge gar ist, von der Flamme nehmen und Gewürze abschmecken.

Anrichten : Die Zunge in Scheiben schneiden, auf eine Platte oder direkt auf die Teller anrichten, die Sosse ringsherum giessen, mit Salatbätter und Tomatenscheiben garnieren. Heiss zu Tisch bringen.

Geschlinge / Innereien mit Kümmel *Kammouniya biz zwaid*

Lammlungen	**zwei**	**Tomatenmark**	**1 Esslöffel**
Lammherz	**eins**	**Harissa**	**1/2 Esslöffel**
Lammnieren	**zwei**	**Paprikagewürz**	**1/2 Esslöffel**
Hammelhoden	**zwei**	**zerstossener Kümmel**	**1/2 Esslöffel**
Leber	**100 g**	**Pfeffer**	**1/2 Teelöffel**
Liya	**100 g**	**Tabil**	**1/2 Teelöffel**
Oel	**6 Esslöffel**	**Zwiebel**	**eine**

Salz nach Geschmack

Die Innereien zubereiten wie am Anfang dieses Kapitels beschrieben, in regelmässige Stücke schneiden, mit Tabil, Salz und Pfeffer einreiben und 5 bis 10 Minuten mit einer feingehackten Zwiebel im heissen Oel anbraten. Das Tomatenmark, Harissa, Paprikagewürz zugeben, mit Wasser bedecken, aufkochen, Flamme kleiner stellen, vermischen, Topf zudecken und während einundeinhalb Stunden garen lassen. Ab und zu umrühren und je nach Bedarf einen Guss Wasser nachfüllen. Den Kümmel in den Topf geben, gut vermischen, die Sosse beikochen lassen, Salz abschmecken und vom Feuer nehmen.

Kalbsgeschlinge / Innereien mit Kümmel — *Kammouniya bi zwaid il ajil*

Leber mit Kümmel — *Kammouniya bil kibda*

Kalbszunge mit Kümmel — *Kammouniya bil Isan*

Gleiche Zubereitung wie obiges Rezept, anstelle der Innereien bezw. Geschlinge vom Lamm, die vom Kalb verwenden, oder entweder nur die Leber, die Kalbszunge oder Rindskopffleisch benutzen.

Geschmortes Gekröse mit Petersilie — *Chminka*

Gekröse	**750 g**	**Harissa**	**1/2 Esslöffel**
Petersilie	**50 g**	**Tabil**	**1/2 Esslöffel**
Zwiebeln	**50 g**	**Paprikagewürz**	**1/2 Esslöffel**
Kichererbsen	**50 g**	**Zitrone**	**eine**
Oel	**4 Esslöffel**	**Salz**	**nach Geschmack**
Tomatenmark	**1 Esslöffel**	**Pfeffer**	**nach Geschmack**

Die Kichererbsen verlesen und für 10 bis 12 Stunden in Wasser einweichen. Abspülen. EIn kleines Bund Petersilie verlesen, waschen und feinhacken. Eine Zwiebel schälen und feinwiegen. Das Gekröse vom Lamm oder Kalb vorbereiten, in regelmässige Stücke schneiden mit Tabil, Salz und Pfeffer einreiben, beiseite stellen.

Oel in einem Topf erhitzen, die Zwiebel darin glasieren. Die Gekrösestücke, Kichererbsen, Petersilie, Tomatenmark, Harissa und Paprikagewürz hineingeben. Vermischen, mit Wasser bedecken, aufkochen, Flamme kleiner stellen und zugedeckt für eineinhalb Stunden bis zwei Stunden, je nach der Zähigkeit des Gekröse schmoren lassen. Ab und zu umrühren und nach Bedarf Wasser nachfüllen. Wenn das Gekröse gar ist, es lässt sich leicht zwischen den Fingern zerdrücken, die Sosse beikochen, Salz abschmecken und heiss mit Zitronenviertel servieren.

Geschmortes Gekröse *Aquods*

Gekröse	**750 g**	**Tomatenmark**	**1/2 Esslöffel**
Knoblauchzehen	**sechs**	**Harissa**	**1/2 Esslöffel**
Lorbeerblätter	**zwei**	**Kümmel**	**1/2 Esslöffel**
Zitrone	**eine**	**Paprikagewürz**	**1/2 Esslöffel**
Oel	**4 Esslöffel**	**Salz und Pfeffer**	**nach Geschmack**

Die Knoblauchzehen schälen und zusammen mi einem Teelöffel grobem Salz im Mörser zerstossen. Den Kümmel verlesen und ebenfalls zerstampfen. Einundeinhalb Pfund Gekröse (Dick,- und Fettdarm vom Rind) wie am Anfang dieses Kapitels beschrieben, zubereiten, in gleichmässige Stücke schneiden, mit Salz und Pfeffer einreiben. Oel in einem Topf erhitzen, die Gekrösestücke, Tomatenmark, Harissa, Paprikagewürz und zerdrückten Knoblauchzehen hineingeben, vermischen, mit Wasser bedecken, aufkochen lassen, Flamme kleiner stellen und mindestens einundeinhalb Stunden garen. Öfter umrühren und wenn nötig Wasser nachfüllen. Wenn das Gekröse gar ist, zwischen Daumen und Zeigefinger prüfen, den Kümmel und die Lorbeerblätter hinzufügen und bei offenem Topf die Sosse auf ein Minimum beikochen. Salz abschmecken, vom Feuer nehmen und heiss mit Zitronenachteln servieren.

Die Geflügel

Vorbereitung des Huhn

Huhn rupfen : Nach dem Schlachten, das ganze Huhn einige Sekunden in kochendes Wasser tauchen und schnell rupfen während es noch heiss ist.

Absengen : Huhn abtrocknen, mit einer Hand die Keule und mit der anderen den Kopf fassen und über eine offene Flamme absengen. Die hartnäckigen Federreste mit einer Pinzette ausreissen oder mit der Messerspitze entfernen.

Ausnehmen : Am Hals einen Einschnitt machen, die Luftröhre, Kropf und Schlund herausnehmen. Huhn auf den Rücken drehen, unter dem Steissbein die «runde Öffnung» ausschneiden. Mit einem zweiten Einschnitt den Bauch aufschneiden, die Leber vorsichtig herausnehmen (die Galle sollte nicht beschädigt werden) ebenfalls die Lungen, Herz und Magen herausnehmen.

Huhn zurichten : Kopf und Beine bis zu den Gelenken abschneiden, Hals bis zu den Schultern kürzen und die Flügel stutzen. Mit dem Hühnerklein aufbewahren.

Säubern : Huhn sehr sorgfältig von innen und aussen waschen. Leber von der Gallenblase trennen, Magen aufschneiden, entleeren und reinigen.

Huhn entweder ganz gebrauchen oder ausgebeint, in Stücke geschnitten je nach den Rezeptanweisungen.

Brathuhn — *Djaj fil koucha*

Huhn	**ein**	**Zitrone**	**eine**
Kartoffeln	**750 g**	**Safran**	**eine Prise**
Smen oder Butter	**60 g**	**Salz und Pfeffer**	**nach Geschmack**

Ein Huhn gerupft, entleert und gesäubert, waschen, von innen und aussen salzen und pfeffern, die Hälfte Butter ins Huhninnere verteilen. Flügel und Keulen binden. Die Kartoffeln schälen, in Viertel oder dicke Scheiben schneiden, mit Salz und Pfeffer bestreuen.

Das Huhn mit dem Rest der Butter einreiben auf das Ofenblech legen, die Kartoffeln rundherum verteilen. Eine grosse Prise Safran in Wasser lösen, auf den Boden des Blechs giessen, im heissen Ofen braten. Für ein Pfund Huhn rechnet man 20 Minuten Garzeit. Huhn mehrmals undrehen und mit dem Bratfett beschöpfen. Sobald das Fleisch gar ist, zwischen Daumen und Zeigefinger zwicken, die Sosse nachwürzen und aus dem Ofen nehmen.

Das Huhn kann auch auf dem Bratspiess und die Kartoffeln auf dem Blech gegart werden.

Geschmortes Huhn mit Füllung *Djaj mihchi mhammar*

Huhn	**ein**	**Smen oder Butter**	**20 g**
Kartoffeln	**500 g**	**Oel**	**4 Esslöffel**
Gehacktes	**150 g**	**Eier**	**drei**
Schweizer Käse	**100 g**	**Zwiebel**	**eine**
Petersilie	**50 g**	**Safran**	**eine Prise**
Altbackens Brot	**50 g**	**Salz und Pfeffer**	**nach Geschmack**
Parmesan	**25 g**	**Zitrone**	**eine**

Ein gerupftes, abgesengtes und gesäubertes Huhn waschen, abtrocknen von innen und aussen mit Salz und Pfeffer würzen und beiseite stellen. Kartoffeln schälen und in dicke Scheiben oder Viertel schneiden. Den Schweizer Käse in kleine Würfel zerteilen, Petersilie verlesen waschen und feinhacken. Den Sizilianer Käse sowie eine Scheibe altbackenes Brot reiben. Herz, Leber und Magen in kleine Stücke schneiden. Zwei Eier hartkochen und in winzige Würfel schneiden. Eine kleine Zwiebel schälen und feinwiegen.

In einer feuerfesten Terrine das Gehacktes, Petersilie, Zwiebel mit den Innereistückchen vermischen mit Salz und Pfeffer würzen. Eine Nuss frische oder salzige Butter zugeben, mit einem Glas Wasser auffüllen und unter ständigem Rühren garen bis alles Wasser verdampft ist. Vom Feuer nehmen, erkalten lassen. Dann den Käse, Semmelmehl, harte Eierstücken mit ein oder zwei rohen Eiern vermischen, die Farce mit Salz und Pfeffer abschmecken. Das Huhn mit der Füllung farcieren, festbinden und die Öffnungen zunähen.

Oel in einem Topf erhitzen, das Huhn darin goldbraun anbraten. Mit Wasser bedecken, zum Aufkochen bringen, Flamme reduzieren und zugedeckt für mehr oder weniger eine Stunde schmoren lassen. Nach halber Kochzeit die Kartoffeln und den in Wasser gelösten

Safran zugeben. Sobald das Huhn gar ist, die Sosse abschmecken und vom Feuer nehmen.

Anrichten : Huhn von den Fäden befreien auf eine Platte geben, in vier Teile schneiden, die Kartoffeln ringsherum anrichten, die Sosse extra mit Zitronenviertel reichen.

N.B. Die Beilagen können nach Belieben variiert werden, Pilze oder grüne Erbsen anstelle der Kartoffeln, Reis oder Nudeln in Salzwasser gekocht mit der Sosse übergiessen.

Gefülltes Huhn, gebraten — *Djaj mihchi fil koucha*

Nach demselben Rezept. Das gefüllte Huhn wird im Ofen am Spiess oder auf dem Ofenblech gebraten. Öfter mit dem Bratfett übergiessen.

Huhn mit Kartoffeln — *Koucha bid djaj*

Huhn mit Kartoffeln — *Kabama bid djaj*

Huhn mit eingesalzenem Gemüse — *Djaj bil ommalah*

Siehe Rezepte gleichen Namens im Kapitel «Fleischgerichte». Anstelle von Fleisch, Huhn oder Geflügel Ihrer Wahl verwenden.

Panierte Putenschnitzel

Chrayah djaj il hind mkafna

Putenfleisch	**500 g**	**Zitrone**	**eine**
Kartoffeln	**500 g**	**gehackte Petersilie**	**1 Esslöffel**
Mehl	**100 g**	**Oel**	**für die Mariande/Braten**
Parmesan	**50 g**	**Kopfsalat**	**einige Blätter**
Eier	**zwei**	**Salz**	**nach Geschmack**
Tomaten frische	**zwei**	**Pfeffer**	**nach Geschmack**

Ein Pfund Putenschnitzel mit Salz und Pfeffer würzen, mit einer Mischung aus Oel und Zitrone beträufeln, gehackte Petersilie überstreuen, alles gut vermischen und 30 Minuten marinieren. In der Zwischenzeit die Kartoffeln schälen und in Stäbchen schneiden. Die Tomaten in feine Scheiben schneiden. Mehl und Käse vermischen Oel in einer tiefen Pfanne erhitzen.

Die Putenschnitzel (unnötig abzutrocknen) von beiden Seiten panieren in das verquirlte Ei tauchen und von beiden Seiten golden im heissem Oel ausbacken. Dann die Kartoffelstäbchen in dem Rest des Oel ausbacken und mit Salz überstreuen.

Anrichten : Die panierten Schnitzel auf ein Platte anrichten, mit Pommes frites, grünen Salatblätter und rohen Tomatenscheiben garnieren.

Gefüllte Putenschnitzel

Chrayah djaj il hind mihchiya

Putenschnitzel	**750 g**	**Petersilie**	**ein kleines Bund**
Altbackenes Brot	**100 g**	**Oel**	**4 Esslöffel**
Schweizer Käse	**100 g**	**Tomatenmark**	**1 Esslöffel**
Parmesan	**50 g**	**Harissa**	**1/2 Esslöffel**
Eier	**zwei**	**Paprikagewürz**	**1/2 Esslöffel**
gehackte Zwiebel	**eine kleine**	**Salz und Pfeffer**	**nach Geschmack**

Feine und breite Schnitzel wählen, am besten vom Geflügelhändler schneiden lassen. Beiseite stellen.

Zwei Eier hartkochen und in kleine Würfel schneiden. Schweizer Käse in kleine Stückchen schneiden, Parmesankäse reiben desgleichen die altbackene Brotscheibe reiben. Petersilie verlesen, waschen und feinhacken. Alle diese Zutaten mit ein rohes Ei und ein Esslöffel Oel oder gesalzene / frische Butter vermischen und mit Salz und Pfeffer abschmecken. Die Schnitzel flach auf den Tisch ausbreiten, inmitten eines jeden ein Esslöffel Farce legen, aufrollen und mit abgebrühten Fäden umwickeln (oder Rouladennadeln gebrauchen).

Oel in einem Schnelltopf erhitzen, die Schnitzel darin golden mit der gehackten Zwiebel anbraten, Tomatenmark mit einem Glas Wasser verdünnt, Harissa und Paprikagewürz zugeben, aufkochen lassen, Flamme kleiner stellen und zugedeckt etwa dreiviertel Stunde garen. Wenn das Fleisch gar ist, Gewürze abschmecken, vom Feuer nehmen, Fäden entfernen und sofort mit der Sosse servieren.

Gefüllte Tauben *Hmam mihchi*

Tauben	**zwei**	**Zwiebel**	**eine**
Gehacktes	**250 g**	**Zitrone**	**eine**
Butter	**100 g**	**Reis**	**2 Esslöffel**
Geriebenen Parmesan	**50 g**	**Safran**	**eine Prise**
Petersilie	**50 g**	**Salz**	**nach Geschmack**
Eier	**drei**	**Pfeffer**	**nach Geschmack**

Die Tauben vom Händler, abgeschlachtet, abgerupft, abgesengt und entleert nehmen. Gründlich reinigen, abtrocknen und von innen und aussen mit Salz und Pfeffer einreiben. Beiseite legen. Petersilie verlesen, abwaschen und feinhacken. Zwiebel schälen und feinwiegen. Reis verlesen, waschen und 10 Minuten in Salzwasser garkochen. Abtropfen lassen. Zwei Eier hartkochen und in Stücke schneiden. Die Eier können zusammen mit dem Reis gekocht werden, das erspart Zeit.

Gehacktes mit Salz und Pfeffer würzen, gehackte Zwiebel und eine Nuss salzige oder frische Butter zugeben, in eine Terrine, ohne Wasser, unter ständigem Rühren 15 Minuten schwitzen lassen. Nach dem Erkalten, zwei oder drei rohe Eier untermischen mit Salz und Pfeffer abschmecken. Die Tauben mit der Farce füllen die Öffnungen zunähen.

Ofen auf Mittelhitze vorheizen. Die Tauben mit dem Rest Butter bestreichen, auf den Rost des Ofenblechs setzen, eine grosse Prise Safran in einem Glas Wasser auflösen, auf das Blech schütten und eine halbe Stunde braten lassen, Die Tauben ab und zu mit dem Bratfett begiessen und 2 oder 3 Mal wenden. Wenn sie gar sind (mit Daumen und Zeigefinger zwicken) noch einen Moment trocknen, goldbraun werden lassen. Aus dem Ofen nehmen, halbieren, mit dem Bratsaft übergiessen und heiss zu Tisch bringen.

N.B. Dieses Rezept ist auch für Wildgeflügel wie : Ringeltauben, Turteltauben, Schnepfen, Rebühner, Krähenten usw... geeignet.

Fisch und Meerestiere

Vorbereitung des Fisch

Vor dem Kochen oder Braten wird der Fisch abgeschuppt oder von der Haut befreit, je nach der Fischsorte, Flossen abgeschnitten, ausgenommen, sorgfältig von innen und aussen gewaschen.

Abschuppen : Immer vor dem Ausnehmen. Den Fisch am Schwanz festhalten und vorsichtig in «umgekehrter Richtung» die Schuppen abstreifen. Dieser Vorgang kann mit einer Gabel, dem Messerrücken oder dem Schuppengerät geschehen. Bestimmte Fische wie Makrelen, kleine Thunfische usw... haben keine Schuppen. Wiederum andere wie Klietsche haben eine rauhe Haut Abkratzen und die Unebenheiten entfernen.

Flossen : mit der Schere die Flossen, den Schwanz und die Kiemen abschneiden.

Ausnehmen : Je nach Grösse und Anleitungen des Rezept, kann der Fisch auf verschiedener Weise ausgenommen werden :

1) Durch den Kiemendeckel : Zeigefinger durch den Kiemendeckel stecken und vorsichtig die Eingeweide herausziehen. Einen kleinen Einschnitt der Bauchseite entlang am Anus machen und den Rest der Organe herausnehmen. Für grosse Fische wie Seebarbe (männlich), Seebarsch oder andere durch die Kiemen den abgerundeten Griff einer Schaumkelle stecken und die Eingeweide vorsichtig herausziehen ohne jedoch den Fisch zu beschädigen.

2) Durch den Bauch : Bauchseite aufschlitzen, die Eingeweide herausnehmen und die schwarze Membrane entfernen, die Kiemen ausreissen.

3) Durch den Kopf : Den Kopf abschneiden und wenn möglich, zur gleichen Zeit die Hauptgräte mit herausziehen. Wenn es sich um kleine Fische handelt, die Eingeweide mit den Fingern herausziehen, bei den grösseren mit Hilfe eines Kellengriffs.

4) Durch den Rücken : Einen tiefen Einschnitt entlang des Fischrücken machen, vom Kopf bis zum Schwanz, die Hauptgräte an beiden Enden durchschneiden und mit einem Zug alle Gräten auf einmal herausziehen. Die Eingeweide durch diese Öffnung herausziehen.

Fisch säubern : hier zwei Beispiele : die Seezunge und den Aal

1) Die Seezunge : Einen kleinen Einschnitt am Schwanzende machen, die Haut dort leicht anheben. Den Fisch am Schwanz festhalten, die angehobene Haut mit einem Tuch fassen mit einem Zuge abziehen. Weisse Rückenseite mit dem Messer abkratzen. Die kleinen Seezungen werden im allgemeinen nur auf der dunklen Seite abgezogen.

2) Der Aal : Fisch mit einem leichten Gegenstand auf den Kopf schlagen, eine Kordel um den Kopf binden und an einen Nagel aufhängen. Unter der Kordel den Fisch rundherum einschneiden, die Haut etwas anheben, mit einem Tuch festhalten und mit einem Ruck die Haut nach unten abziehen. Im Allgemeinen werden die Aale, Rochen, kleine Haie und dergleichen vom Fischhändler vorbereitet.

Einschneiden : den Fisch zum Beispiel Makrelen oder Goldbrassen mit einigen schrägen Einschnitten an den Bauchseiten versehen damit die Gewürze besser durchdringen können und der Fisch an diesen Stellen gut durchgebraten oder gegrillt wird.

Vorbereitung des Kalmar : Die Arme abtrennen und aufbewahren. Den Kopf herausschneiden, die Augen ausstechen (am besten mit einer scharfen Messerspitze) und die Kappe beiseite stellen. Die Hornhaut und schwarze Tintentasche herausschneiden, den Sack entleeren und unter fliessendem Wasser gründlich abwaschen.

Gegrillte Goldbrassen *Warqua michwiya*

Goldbrassen	ein Kilogramm	Zitrone	eine
Oel oder Butter	60 g	Salz	nach Geschmack
Gehackte Petersilie	50 g	Pfeffer	nach Geschmack

Vier kleine Goldbrassen wählen (eine pro Person). Abschuppen, Flossen abschneiden, ausnehmen, sorgfältig waschen und abtropfen. Schräge Einschnitte auf der Bauchseite machen, sorgfältig mit Salz und Pfeffer von innen und aussen einreiben, mit Oel oder Butter bestreichen. Von jeder Seite 5 bis 6 Minuten grillen und zwei oder dreimal mit dem Fett überträufeln.

Anrichten : Fisch heiss auf die gehackte Petersilie aufreihen und grosszügig mit Zitronensaft beträufeln.

Gegrillte Makrelen *Ghzal michwi*

Makrelen	ein Kilogramm	Paprikagewürz	1/2 Esslöffel
Oel	4 Esslöffel	zerstossener Kümmel	1/2 Esslöffel
Gehackte Petersilie	50 g	Pfeffer	nach Geschmack
Zitrone	eine	Salz	nach Geschmack

Die Makrelen ausnehmen, Flossen abschneiden, sorgfältig und gründlich abwaschen und abtrocknen. Leicht mit Salz, Pfeffer, Paprikagewürz und zerstossen Kümmel einreiben. Mit Oel bepinseln und 3 bis 5 Minuten von beiden Seiten auf dem vorher eingeölten und vorgeheizten Grill garen. Je nach Grösse, den Fisch zwei oder dreimal mit dem Bratfett begiessen. Servieren wie die Goldbrassen.

Gegrillte Seezunge *Mdas michwi*

Seezungen	1 Kilogramm	Oel	4 Esslöffel
Petersilie	50 g	Zitrone	eine
Mehl	50 g	Salz und Pfeffer	nach Geschmack

Die Seezunge durch einen Schnitt am Kopfe ausnehmen. Flossen mit der Schere abschneiden, bei kleinen nur die dunkle Haut abziehen bei grossen von beiden Seiten. Die Bauchseiten kreuzweise einschneiden. mit Salz und Pfeffer würzen, mit Mehl bestreuen und Oel überträufeln und wie die vorherigen Rezepte grillen und servieren.

Gedünsteter Seebarbe mit Kümmel *Kmiri moquli bil kammoun*

Seebarben	ein Kilogramm	Oel	zum Ausbacken
Knoblauch	4 Zehen	Salz	nach Geschamck
Kümmel	1/2 Esslöffel	Beigaben	nach Wahl
Paprikagewürz	1/2 Esslöffel	Beilagen	nach Wahl

Die Knoblauchzehen schälen, zusammen mit dem Kümmel im Mörser zerstossen, ebenfalls eine Prise Salz mit zerstampfen. Kleine graue Seebarben aussuchen. Abschuppen, Flossen abschneiden, durch die Kiemen oder den Bauch die Eingeweide ausnehmen, gründlich abwaschen und mehrmals leicht an den Bauchseiten einschneiden. Von innen und aussen mit Salz, Paprikagewürz, zerkleinerten Knoblauch und Kümmel würzen. Eine halbe Stunde die Gewürze einziehen lassen.

Oel auf Mittelhitze in einer Bratpfanne heiss werden lassen, die Fische nebeneinander in kleinen Mengen in das heisse Fett geben und 5 bis 6 Minuten dünsten. Vorsichtig umdrehen und die andere Seite dünsten. Herausnehmen und abtropfen lassen.

Anrichten : Fische nebeneinander auf eine Platte oder direkt auf die Teller anrichten, mit den gewünschten Beilagen und einer Sosse zu Tisch geben.

Gebratener Merlan mit Kümmel *Nazalli moquli bil kammoun*

Merlan	750 g	Kümmelkörner	1/2 Esslöffel
Mehl	100 g	Paprikagewürz	1/2 Esslöffel
Knoblauch	4 Zehen	Salz	nach Geschmack
Zitrone	eine	Beilagen	nach Geschmack
Oel	zum Braten	Beigaben	nach Geschmack

Die Knoblauchzehen schälen mit dem Kümmel und einer grossen Prise Salz im Mörser zerstossen. Die Merlans vorsichtig abschuppen das Fleisch ist sehr zart, Köpfe abschneiden, ausnehmen und gründlich abwaschen und abtrocknen. Den Fisch mit den gestampften Gewürzen und den halben Esslöffel scharfen oder süssen Paprikagewürz von innen und aussen einreiben. Oel in einer Bratpfanne erhitzen, sobald es anfängt zu brodeln, die Fische in Mehl wälzen, leicht schütteln damit zuviel Mehl abfällt, im heissen Fett golden ausbacken und abtropfen lassen.

Anrichten : Die Fische nebeneinander auf eine Platte anrichten, mit den Beilagen und Sosse Ihrer Wahl heiss zu Tisch bringen.

Gebratener Wolfsbarsch mit Kümmel — *Quarous moquli bil kammoun*

Den Wolfsbarsch abschuppen, ausnehmen, Flossen mit der Schere abschneiden, sorgfältig waschen, in zwei Zentimeter dicke Scheiben zerteilen, abtrocknen, mit Salz und zerdrückten Knoblauch und Kümmel würzen, in Mehl wälzen und im heissen Oel von beiden Seiten golden ausbacken. Heiss mit den Beilagen und Sosse Ihrer Wahl zu Tisch bringen.

Alle mittelgrossen Fische wie Goldbrassen, Koryphäne, Seebarsche und Brassen können ebenfalls in Scheiben gedunstet oder gebraten werden.

Riesenbarsch mit Kümmel — *Mannani moquli bil kammoun*

Ein Stück Fisch ausbeinen, abhäuten, säubern und abtrocknen. Das Stück Fisch in gleichgrosse Scheiben zerteilen, mit Salz und zerdrückten Knoblauch und Kümmel würzen, in Mehl wälzen und im heissen Oel braten.

Alle grossen Fische wie : Meerengel, Katzenhaie, Mittelmeerthunfisch, Schwertfisch, Thunfisch, Sackbrassen, Violon können auf gleiche Weise zubereitet werden.

Gebratener Fisch mit Pfeffer(1) — *Hout moquli*

Zubereitung wie gedunsteter oder gebratener Fisch mit Kümmel. Letzteren durch Knoblauch und eine Messerspitze gemahlenen schwarzen Pfeffer ersetzen.

(1) In Frankreich wird er gebratener Fisch «a la Meuniére» genannt.

Fischfrikassee mit Merlan — *Kiftas bi nazalli*

Merlan	**750 g**	**Oel**	**zum Braten**
Kartoffeln	**250 g**	**gemahlener Kümmel**	**1/2 Esslöffel**
Petersilie	**100 g**	**Paprikagewürz**	**1/2 Esslöffel**
Zwiebeln	**100 g**	**Salz**	**nach Geschmack**
Mehl	**100 g**	**Pfeffer**	**nach Geschmack**
Eier	**vier**	**Tomatensosse**	

Die Kartoffeln 20 Minuten in Salzwaaser garkochen. Pellen und zu Püree verarbeiten. In der Zwischenzeit die Merlan abschuppen, Flossen abschneiden, Köpfe abtrennen und ausnehmen. Sorgfältig die Gräten herausnehmen, waschen und den Fisch zerkleinern. Eine Zwiebel schälen, Petersilie verlesen, waschen und beides feinwiegen. Alle Zutaten mit drei oder vier Eiern vermischen mit Kümmel, Pfeffer, Paprikagewürz und Salz würzen.

Oel in einer tiefen Bratpfanne erhitzen, von der Masse kleine eigrosse Bällchen abtrennen, flach drücken, in Mehl wälzen und von beiden Seiten im heissen Fett ausbacken. Heiss mit Tomatensosse servieren.

Auch Fischreste vom Vortag oder Thunfisch in Dosen, Sardellenfilets, Bücklinge, oder weiche Fische wie Sardinen oder Rötlinge (auch feste Fische vorher etwas in Salzwasser weichkochen) können anstelle des Merlan verwendet werden.

Fisch «Komplett» ***Hout Kamil***

In den Restaurants von la Goulette serviert man dieses Fischgericht wie folgt : dicke Fischscheiben wie Wolfsbarsch, Seebarsch, Brassen usw... mit Salz und Pfeffer gewürzt, in Mehl gewälzt und in Oel schwimmend ausgebacken. Der Fisch wird mit Beilagen wie : Paprikaschoten, Pommes frites und natürlich Tastira gereicht. Das Gericht ist auch unter folgenden Namen bekannt «Poisson complet» oder «Complet de poisson».

Die gleiche Bezeichnung eignet sich auch für kleinere Fische wie Goldbrassen, Pageau, Rötlinge oder andere, gesäubert und gewürzt, gebraten und auf gleiche Weise serviert.

Panierter Rötling — *Trilya Mkafna*

Rötlinge	750 g	Pfeffer	nach Geschamck
Mehl	100 g	Salz	nach Geschmack
Eier	vier	Beilagen	nach Wahl
Oel	zum Braten	Sosse	nach Wahl

Fisch abschuppen und Flossen abschneiden, ausnehmen und abwaschen. Von innen und aussen mit Salz und Pfeffer würzen. Gewürze einziehen lassen. Die Eier mit zwei Esslöffel Oel und je eine Messerspitze Pfeffer und Salz in einer Schüssel verschlagen.

In der Bratpfanne Oel heiss werden lassen, sobald es brodelt die Fische eins nach dem anderen zuerst in das Ei tauchen, dann in Mehl wälzen, auf beiden Seiten golden im heissen Oel braten, abtropfen lassen.

Anrichten : Die Rötlinge nacheinander auf eine Platte legen und heiss mit den Beilagen Ihrer Wahl servieren.

Panierter kleiner Thunfisch — *Tounn sghir mkaffan*

Fisch säubern, Flossen abschneiden, ausnehmen, abwaschen und in gleichmässige Stücke zerteilen. Die Scheiben abtrocknen, mit Salz und Pfeffer würzen und beiseite stellen. In eine Schüssel zwei oder drei Eier, ein Esslöffel Oel, je eine Messerspitze Pfeffer und Salz verquirlen.

Oel erhitzen, sobald es räuchert, die Fischscheiben eine nach der anderen zuerst in das verschlagene Ei dann in Mehl wälzen. Fisch 4 bis 5 Minuten von jeder Seite im heissen Fett braten. Wie vorheriges Rezept servieren. Mittelgrosse Fische wie Aal, Nadelfisch, Seehecht, Koryphäne, Goldbrasse, Seebarsch, Sägefisch, Schellfisch usw... können auf gleiche Weise zubereitet werden.

Panierte Kalmar — *Kalmar mkaffan*

Kalmar	750 g	Zitrone	eine
Mehl	100 g	Pfeffer	nach Geschamck
Eier	3 oder 4	Salz	nach Geschamck
Oel	zum Braten	Sosse	nach Wahl

Kleine Kalmare wählen, mehrmals waschen und abtropfen lassen(1). Die Taschen in Rondelle und die Arme in Stücke schneiden, während 20 Minuten in Salzwasser weichkochen. In der Zwischenzeit, die Eier, ein Esslöffel Oel und je eine Prise Salz und Pfeffer verschlagen. Die Kalmarstücke abtrocknen mit Salz und Pfeffer würzen, zuerst in das verschlagene Ei und dann in Mehl wälzen, golden im heissen Oel braten.

Anrichten : Die panierten Kalmar sofort mit einer Sosse und Zitronenachteln zu Tisch bringen.

Panierter Fisch mit Käse — *Hout mkaffan bi jbinn*

Nach demselben Rezept wie panierter Fisch. Mehl mit 50 Gramm Parmesankäse vermischen.

---

(1) Oder vom Fischhändler säubern lassen.

Gefüllter Wolfsbarsch *Quarous mihchi*

Wolfsbarsch	**1,200 Kg**	**Parmesan**	**30 g**
Kartoffeln	**500 g**	**Knoblauch**	**4 Zehen**
Petersilie	**50 g**	**Eier**	**vier**
Zwiebeln	**50 g**	**Oel**	**4 Esslöffel**
Kapern	**50 g**	**Safran**	**eine Prise**
Altbackenes Brot	**50 g**	**Zitrone**	**eine**
Butter oder Smen	**50 g**	**Salz und Pfeffer**	**nach Geschmack**

Fisch abschuppen, Flossen mit der Schere abschneiden. Den Rücken entlang, vom Kopf bis zum Schwanz tief einschneiden, Die Hauptgräte an beiden Enden mit der Schere durchtrennen, freilegen und zur gleichen Zeit mit den Gräten herausnehmen. Eingeweide ausnehmen, sorgfältig waschen, abtrocknen, von innen und aussen mit Salz und Pfeffer würzen und beiseite stellen.

Zwiebeln und Petersilie waschen und feinhacken. Die Knoblauchzehen schälen und mit einer Prise Salz im Mörser zerdrücken. Die Kapern entstielen waschen und feinhacken. Drei Eier hartkochen, zwei in kleine Stücke schneiden eins für die Verzierung zurück- behalten. Eine Scheibe altbackenes Brot reiben und durchsieben. Parmesankäse reiben. Alle diese Zutaten mit ein oder zwei rohen Eiern vermischen nach Geschamck salzen und pfeffern. Den Fisch mit dieser Farce füllen, die Öffnung zunähen. Kartoffeln schälen und in dicke Scheiben zerteilen, mit Salz und Pfeffer einreiben.

Ofen auf starker Hitze vorheizen. Eine feuerfeste Form mit Butter einfetten, die Kartoffelscheiben darin aufreihen, den gefüllten Fisch darauflegen, alles mit Oel und Zitronensaft beträufeln, Safran in ein Glas Wasser aufgelöst zugeben. Fisch im heissen Ofen einige Minuten braten lassen, Hitze reduzieren und während 25 bis 30 Minuten überbacken. Fisch öfter mit dem Bratfett übergiessen.

Anrichten : Fisch aus dem Ofen nehmen. Fäden abziehen und vorsichtig in gleichgrosse Scheiben zerteilen, mit dem hartgekochten Ei und Zitronenscheiben garnieren. Sofort servieren.

Makrelen mit Michwiyafüllung — *Ghzal mihchi bil michwiya*

Makrelen	**1 Kg**
Kartoffeln	**500 g**
Tomaten	**250 g**
Süsse Paprika	**200 g**
Scharfe Paprika	**100 g**
Grüne Oliven	**50 g**
Butter oder Smen	**30 g**
Kapern	**25 g**
Eier	**vier**
Knoblauch	**vier Zehen**
altbackenes Brot	**eine Scheibe**
gesalzene Zitrone	**eine kleine**
Zwiebel	**eine**
Carvi	**1/2 Esslöffel**
Salz und Pfeffer	**nach Geschamck**

Zwei Eier hartkochen und in kleine Stücke schneiden. Die Paprikaschoten, Tomaten und Zwiebel auf Holzkohle oder Gasflamme grillen. Haut abziehen, abwaschen und in winzige Stücke schneiden. Eine eingelegte Zitrone entkernen, nicht schälen, in winzige Stücke zerteilen. Die Oliven entkernen mit den Kapern feinhacken. Eine Scheibe altbackenes Brot reiben und durchsieben. Die Knoblauchzehen schälen und mit dem Carvi im Mörser zerdrücken. Alle diese Zutaten mit zwei rohen Eiern vermengen, die Farce salzen und pfeffern.

Die Makrelen ausgräten und die Flossen abschneiden. Eingeweide ausnehmen, abwaschen und abtrocknen. Mit Salz und Pfeffer würzen, mit der Farce füllen und die Öffnungen zunähen. Die gefüllten Makrelen wie den Wolfsbarsch im Ofen überbacken. Die Makrelen können durch die Kiemenoder Bauch gefüllt werden ohne vorher die Gräten zu entfernen. Wenn Farce übrig bleibt, den Rest zu Bällchen formen und zur gleichen Zeit mit dem Fisch braten.

Gefüllte Kalmar *Kalmar mihchi*

Kalmer	**vier oder fünf**	**Petersilie**	**100 g**
Eier	**vier**	**Parmesankäse**	**50 g**
Knoblauch	**vier Zehen**	**Tomatenmark**	**2 Esslöffel**
Zwiebeln	**zwei**	**Harissa**	**1/2 Esslöffel**
Reis	**eine Hand voll**	**Salz**	**nach Geschamck**
Oel	**ein Deziliter**	**Pfeffer**	**nach Geschmack**

Vom Fischhändler die Kalmar vorbereiten lassen. Die Arme mit der Schere abschneiden. In Salzwasser eine gute halbe Stunde weichkochen, oder im heissen Oel ausbacken. Abtropfen lassen und feinhacken. Petersilie verlesen, waschen und feinwiegen. Zwei Eier hartkochen und kleinwürfeln. Eine Handvoll Reis in Salzwasser garkochen. Alle diese Zutaten mit zwei rohen Eiern vermischen und den geriebenen Käse unterheben. Die Masse mit Salz und Pfeffer abschmecken, die Kalmar mit der Farce füllen, die Öffnungen zunähen, mehrmals mit der Nadel einstechen damit sie während der Garzeit nicht platzen.

Oel in einem Topf erhitzen, die Kalmar mit einer feingeschnittenen Zwiebel darin golden anbraten. Tomatenmark in etwas Wasser verdünnt Harissa und gehackten Knoblauch zugeben, leicht salzen und die Kalmar nur eben mit Wasser bedecken. Aufkochen lassen, Flamme kleiner stellen und während dreiviertel Stunde zugedeckt dünsten lassen. Die Kalmar sind gar wenn sie sich zwischen Daumen und Zeigefinger leicht zerdrücken lassen. Die Sosse beikochen und mit Salz abschmecken. Die Kalmar herausnehmen, abtropfen lassen, Fäden ausziehen, ganz oder in Scheiben geschnitten servieren. Sosse extra reichen.

Thunfisch in Essig *Kabkabou*

Thunfisch	**750 g**	**Essig**	**2 Esslöffel**
Kapern	**50 g**	**Tomatenmark**	**1 Esslöffel**
Zwiebel	**eine**	**Harissa**	**1/2 Esslöffel**
eingelegte Zitrone	**eine**	**Paprikagewürz**	**1/2 Esslöfel**
Oel	**Zum Ausbacken**	**Salz**	**nach Geschamck**
Oel zum Braten	**4 Esslöffel**	**Pfeffer**	**nach Geschamck**

Eine Scheibe Thunfisch säubern, Fischbein entfernen und in grosse Würfel schneiden, mit Salz und Pfeffer einreiben. Oel in einer tiefen Bratpfanne erhitzen, den Thunfisch darin golden ausbacken, herausnehmen und abtropfen lassen.

Eine kleine Zwiebel schälen und feinschneiden. Die Kapern waschen und entstielen. Eine eingelegte Zitrone entkernen, ohne zu schälen, und feinwürfeln. 4 Esslöffel Oel in einem Topf erhitzen, die gehackte Zwiebel darin andünsten, Tomatenmark, Harissa und Paprikagewürz zugeben, mit einem Viertel Liter Wasser auffüllen, zum Aufkochen bringen, Flamme kleiner stellen, umrühren und eine viertel Stunde dünsten lassen.

Die Fischstücke in die Sosse geben, Kapern und gewürfelte Zitrone zugeben, nochmals 10 Minuten kochen, nicht mehr sonst zerfällt der Fisch, Essig hinzugeben mit Salz abschmecken und heiss servieren.

Es handelt sich hier um ein Grundrezept, der Thunfisch kann durch jeden beliebigen grossen Fisch ersetzt werden.

Teigwaren und Nudeln

Makkaroni mit Fleisch

Maqurouna bil Iham

Makkaroni	**750 g**	**Kartoffeln**	**zwei oder drei**
Kalbfleisch	**500 g**	**Eier**	**zwei**
Tomatenmark	**300 g**	**Knoblauch**	**eine kleine Zwiebel**
Schweiser Käse	**100 g**	**Oel**	**ein Deziliter**
Parmesankäse	**50 g**	**Harissa**	**1/2 Esslöffel**
Kichererbsen	**50 g**	**Paprikagewürz**	**1/2 Esslöffel**
Smen oder Butter	**30 g**	**Zwiebel**	**eine kleine**
Frische Piments	**4 oder 5**	**Salz**	**nach Geschmack**
Lorbeerblätter	**drei**	**Pfeffer**	**nach Geschmack**

Die Kichererbsen verlesen und über Nacht einweichen. Eine kleine Zwiebel schälen und feinschneiden. Die Knoblauchzehen schälen und zusammen mit einer Prise Salz zerdrücken. Oel in einem Topf erhitzen. Das Fleisch zusammen mit der Zwiebel im heissen Oel anbraten. Das Tomatenmark in ein Glas Wasser verrühren, Harissa und Paprikagewürz, Knoblauch sowie Lorbeerblätter in den Topf geben. Vermischen und einen Moment ziehen lassen. Mit Wasser bedecken, aufkochen, Feuer kleiner stellen, Topf zudecken und schmoren lassen. Ab und zu umrühren und einen Guss Wasser nachgiessen.

Nach halber Kochzeit die geschälten Kartoffeln, geviertelt, die Piments und den zerdückten Knoblauch in die Sosse geben.

In der Zwischenzeit die Nudeln in Salzwasser garziehen und im Sieb abtropfen lassen. Zwei Eier hartkochen und vierteln. Sobald das Fleisch gar ist und die Kichererbsen weich sind, Fleisch Kartoffeln und Piments herausnehmen. Die Lorbeerblätter entfernen und die Sosse einem Moment beikochen. Mit einer Prise Pfeffer und Salz abschmecken.

Anrichten : Auf einen Servierteller die Nudeln mit der Sosse und einer Nuss Smen oder Butter vermischen, glattstreichen. Die Fleischstücke darauf verteilen, mit den Piments, Kartoffel- und Eivierteln garnieren. Heiss zu Tisch bringen.

Makkaroni mit Huhn — *Maqurouna bid djaj*
Makkaroni mit Klopse — *Maqurouna bil âosbane*
Makkaroni mit Riesenbarsch — *Maqurouna bil mannani*

Nach demselben Rezept, anstelle von Fleisch Huhn, Pute, Klopse oder Fisch verwenden.

Makkaroni mit Riesenbarsch — *Maqurouna bil mannani*

Makkaroni[1]	**500 g**	**Tomatenmark**	**2 Esslöffel**
Riesenbarsch	**500 g**	**Harissa**	**1/2 Esslöffel**
Zwiebeln	**150 g**	**Paprikagewürz**	**1/2 Esslöffel**
Oel	**1 Deziliter**	**Salz und Pfeffer**	**nach Geschamck**

Ein grosses Stück Riesenbarsh (oder sonstigen grossen Fisch) säubern, Fischbein ausnehmen, abwaschen und abtrocknen, in regelmässige Stücke zerteilen, mit Salz und Pfeffer würzen.. Oel in einem Topf erhitzen die Fischwürfel darin kurz anbraten, zusammen mit einer feingeschnittenen Zwiebel. Tomatenmark in ein Glas Wasser verdünnen, Harissa und Paprikagewürz hinzugeben, mit Wasser bedecken, zum Aufkochen bringen, Feuer kleiner stellen und während 40 bis 45 Minuten garziehen.

Sobald der Fisch gar ist, mit der Schaumkelle herausnehmen und beiseite stellen. Ein Liter Wasser in den Topf geben, aufkochen lassen, die Nudeln hineinschütten und bei offenem Topf während 20 bis 25 Minuten die Nudeln garkochen. Wenn sie gar sind und die Flüssigkeit total von den Nudeln aufgesaugt wurde, eine Prise Pfeffer untermischen und mit Salz abschmecken.

Anrichten : Die Nudeln auf eine Servierplatte schütten, die Fischstücke obenauf legen und sofort servieren. Den Fisch während der Garzeit der Nudeln warmstellen.

(1) italienische Nudeln

Mhammas mit Lammfleisch — *Mhammas bil âallouch*

Mhammas	**500 g**	**Paprikagewürz**	**1/2 Esslöffel**
Lammfleisch	**500 g**	**Stangenzimt**	**1 Prise**
Zwiebel	**100 g**	**Safran gemahlenen**	**1 Prise**
Oel	**1 Deziliter**	**Pfeffer**	**nach Geschmack**
Tomatenmark	**2 Esslöffel**	**Salz**	**nach Geschmack**

Eine Zwiebel schälen und feinhacken. Fleisch in Stücke zerteilen gut mit den frisch gemahlenen Stangenzimt, Pfeffer und Salz einreiben. Oel in einem Topf erhitzen, sobald es räuchert, das Fleisch zusammen mit der gehackten Zwiebel darin anbraten. Tomatenmark (oder Püree von 500 Gramm frischen Tomaten) und Paprikagewürz zugeben, mit Wasser bedecken, zum Aufkochen bringen und kochen lassen. Ab und zu umrühren und wenn nötig das verdampfte Wasser ersetzen. Sobald das Fleisch gar ist (Fleisch zwischen den Fingern drücken) mit einem Liter Wasser auffüllen die Mhammas nach und nach hineinschütten, Safran zufügen und bei offenen Topf weiterkochen. Sobald die Mhammas weich sind, eine Prise Pfeffer hinzugeben, Gewürze abschmecken und sofort auftragen.

Überbackene Makkaroni

Maqurouna bil iham fil koucha

Makkaroni	**750 g**	**Eier**	**vier**
Knochenloses Fleisch	**500 g**	**Zwiebel**	**eine**
Weisse Bohnen	**100 g**	**Oel**	**1 Deziliter**
Schweizer Käse	**100 g**	**Tomatenmark**	**2 Esslöffel**
Parmesankäse	**50 g**	**Paprikagewürz**	**1/2 Esslöffel**
Butter zum einfetten	**30 g**	**Salz**	**nach Geschmack**
Smen (nach Belieben)	**30 g**	**Pfeffer**	**nach Geschmack**

Die weissen Bohnen verlesen und über Nacht einweichen. Eine Zwiebel schälen und feinwiegen. Ein Pfund Fleisch ohne Knochen, Kalb oder Hammel, in nussgrosse Stücke schneiden mit Salz und Pfeffer würzen. Oel in einem Topf erhitzen, das Fleisch zusammen mit der Zwiebel kurz darin anbraten. Tomatenmark mit etwas Wasser verdünnen, Paprikagewürz und weisse Bohnen zugeben, vermischen, einen Moment ziehen lassen, mit Wasser bedecken, zum Aufkochen bringen, und auf schwacher Flamme schmoren lassen. Ab und zu umrühren und die verdampfte Flüssigkeit nachfüllen.

In der Zwischenzeit 750 g Gramm Nudeln (feine Muscheln, Hörner, Krawatten usw...) während 15 Minuten in Salzwasser garziehen. in einem Sieb abtropfen lassen und mit einer Nuss frischer Butter oder smen vermischen. Parmesankäse reiben, den Schweizer Käse in Streifen oder Würfel schneiden. Die Eier hartkochen, zwei in Stücke schneiden. Ofen bei Mittelhitze vorheizen.

Sobald das Fleisch gar ist alle eben zubereiteten Zutaten vermischen (Nudeln, Fleisch, Sosse, Eier und Käse) mit Salz und Pfeffer abschmecken in eine feuerfeste gebutterte Form legen und 10 bis 15 Minuten im Ofen überbacken. Die Nudeln in Scheiben schneiden und sofort servieren.

Makkaroni mit Huhn - überbacken — *Maqurouna bid djaj fil koucha*

Makkaroni mit Innereien - überbacken — *Maqurouna biz zwaid fil koucha*

Nach demselben Rezept. Anstelle von Fleisch, ein ausgebeintes Huhn oder ein Pfund Innereien, Herz, Leber und Nieren vom Hammel oder Kalb gebrauchen. Die Kichererbsen können durch frische ausgedöpste Erbsen abgewandelt werden.

Tunesische Pfannkuchen[2] mit Huhn — *Mraîch*

Huhn	**ein**	**Mandeln**	**100 g**
Milch	**1 Liter**	**Pistazien**	**100 g**
Feines Griessmehl	**500 g**	**Oel**	**1 und 1/2 Deziliter**
Rosinen	**100 g**	**Salz und Pfeffer**	**nach Geschmack**

Ein Huhn in Stücke zerteilen, mit Salz und Pfeffer würzen. Ein Deziliter Oel in einem Topf erhitzen, die Huhnteile darin golden anbraten, mit einem viertel Liter Wasser auffüllen, zum Aufkochen bringen und zugedeckt bei kleiner Flamme, eine Stunde schmoren lassen. Ab und zu umrühren und das verdunstete Wasser nachfüllen.

In der Zwischenzeit, das feine Griessmehl auf den Tisch geben, inmitten eine Vertiefung machen, darin Oel, Eier und Salz geben, mit den Fingern vermischen. Die Masse unter Zugabe von lauwarmen Wasser zu einem geschmeidigen Teig verarbeiten, Zugedeckt 20 bis 30 Minuten ruhen lassen. Den «Ghannai» (gebrannter Tontopf) auf der Holzkohle vorheizen, oder eine leicht eingefette Pfanne auf dem Herd. Von der Teigmasse eigrosse Ballen abtrennen, mit dem Nudelholz auf zwei Zentimeter dicke Scheiben wenn möglich gleiche Grösse wie die Pfanne, ausrollen, in der Pfanne von beiden Seiten garen. Beiseite stellen.

Die Pistazien und Mandeln abziehen und in der noch heissen Pfanne einige Minuten grillen. Die Rosinen verlesen, abwaschen und abtrocknen. Die Milch abkochen. Sobald die Huhnteile gar sind, Sosse beikochen, eine Prise Pfeffer untermischen und mit Salz abschmecken.

Anrichten : Die Pfannkuchen zerstückeln, auf eine Platte legen, die Sosse darüber giessen, vermischen und glattstreichen. Dann mit der Milch begiessen mit den Rosinen, Pistazien und Mandeln bestreuen, die Huhnteile darauf verteilen und heiss servieren.

---

(2) Rezept aus dem Gouvernorat von Beja und Umbegung.

Nwassar mit Huhn (gedämpft) — *Nwassar mfawra bid djaj*

Huhn	**ein**	**Smen oder Butter**	**50 g**
Eier	**zwei**	**Kichererbsen**	**50 g**
Zwiebel	**eine**	**Tomatenmark**	**2 Esslöffel**
Nwasser(2)	**750 g**	**Paprikagewürz**	**1/2 Esslöffel**
Oel	**1 Deziliter**	**gemahlenes Kaneel**	**1/2 Teelöffel**
Kartoffeln	**250 g**	**Salz**	**nach Geschmack**
Frische Piments	**150 g**	**Pfeffer**	**nach Geschmack**

Die Kichererbsen über Nacht weichen. Das Huhn in regelmässige Stücke zerteilen mit Salz und Pfeffer würzen. Eine kleine Zwiebel schälen und feinwiegen. Die Kartoffeln und frischen Piments säubern. Die Hälfte Oel in den unteren Topfteil des Kuskustopfes erhitzen, die Huhnteile zusammen mit der Zwiebel kurz darin andünsten. Tomatenmark mit einem Glas Wasser verdünnen, Paprikagewürz und die Kichererbsen hinzufügen, vermischen und 8 bis 10 Minuten dünsten lassen. Mit einundeinhalb Liter Wasser auffüllen zum Aufkochen bringen die Nwassars mit dem restlichen Oel einreiben, in den oberen Topfteil (Kiskas) legen, auf das untere Topfteil setzen, die Mitte mit einem feuchten Tuch umwickeln und bei kleiner Flamme 25 bis 30 Minuten dämpfen lassen. Dann den oberen Topfteil abnehmen, den unteren auf das Feuer lassen. Die Kartoffeln und Piments dazugeben.

Die Nudeln auf eine feuerfeste Form geben, lüften und die verklebten Nudeln trennen, mit frischer oder salziger Butter bestreichen und mit Zimt überstreuen, egalisieren und beiseite stellen. Sobald die Huhnstücke gar sind mit der Schaumkelle herausnehmen. Gleicher Vorgang für die Kartoffeln und Piments. Die Nudeln mit der Brühe übergiessen, im Ofen überbacken bis die Brühe vollkommen aufgesaugt worden ist. Zwei Eier hartkochen und vierteln. Die Kartoffeln pellen und ebenfalls vierteln.

Anrichten : Die Hühnerstücke auf die Nudeln geben und mit Ei- und Kartoffelviertel garnieren. Sofort auftragen.

(2) Kleine flache Nudeln, Karrees von einem Zentimeter.

Nwassars mit Fleisch (gedämpft) — ***Nwassars mfawra bil lham***

Fadennudeln mit Huhn (gedämpft) — ***Dwida mfawra bid djaj***

Fadennudeln mit Fleisch (gedämpft) — ***Dwida mfawra bil lhma***

Gleiche Zubereitung wie vorgenannte Rezepte, anstelle der Nwassars Fadennudeln und Huhn oder Kalb und Rindfleisch verwenden.

Die Reisküche

Der Reis kann auf verschiedene Weise zubereitet werden :

1) Gekochter Reis, nach kreoler Art : Reis sorgfältig verlesen, schnell in einem Sieb abwaschen, in reichlich kochendes Salzwasser schütten und während 10 bis 12 Minuten garkochen. In ein Sieb geben, unter kaltem Wasser abschrecken und weiter nach den Anleitungen des Rezept zubereiten.

2) Reis auf tunesische Art : Reis sorgfältig verlesen, rasch in einem Sieb abwaschen, zum Kochende in eine verlängerte Sosse mit Fleisch und Gemüse Geflügel oder Fisch garkochen. Den Reis nur während 10 bis 12 Minuten in der Sosse garquellen, wenn er zulange kocht, platzen die Körner und er wird klebrig und ungeniessbar. Im Allgemeinen sollte die Flüssigkeit der Sosse etwa einundeinhalb Mal das Volume an Trockengewicht des Reis haben.

3) Reis «oriental» : oder Reis Pilaf auch «gedünsteter» Reis genannt. Reiskörner sorgfältig verlesen, nicht waschen, wenn er doch gewaschen werden sollte, gut abtrocknen. Oel oder Butter in einem Topf erhitzen, den Reis 5 bis 6 Minuten unter ständigem Rühren darin glasig dunsten. Mit kochendes Wasser oder Brühe übergiessen (nicht mehr als einundeinhalb Mal das Trockengewicht des Reis) z.B. 3 Gläser Wasser oder Brühe auf 2 Gläser Reis. Würzen, Feuer kleiner stellen und etwa eine Viertelstunde garquellen. Diese Zeitspanne ist ausreichend um den Reis aufquellen zu lassen. Weitere Zubereitung nach Rezeptanleitungen.

4) Gedämpfter Reis : Reis verlesen, abwaschen und abtropfen lassen. In den oberen Teil (Kiskas)[1] des Kuskustopfes geben, auf den unteren Topfteil in dem einfach nur Wasser kocht, oder ein Ragout mit Gemüse, Fleisch oder Fisch, setzen, Mitte mit einem feuchten Tuch umwickeln. Kochzeit wie der Kuskus[2] zwei Mal zwanzig Minuten oder dreimal 15 Minuten. Wenn der Reis unter dem Zahn «knackt» (körnig ist) und bevor die Körner platzen, vom Feuer nehmen und laut Rezeptanweisungen weiter zubereiten.

(1) Kiskas Sieb des kuskustopfes.

(2) Siehe Kapitel «couscous».

Auftragen der Reisgerichte

Reisgerichte können wie folgt serviert werden :

1) nach Grossmutterzeiten : Reis auf die Servierplatte, Kirwana, Tabsi aus Nabeul oder sonstigen Teller geben, glattstreichen, das Fleisch, Geflügel, Fisch usw darauflegen, mit den Kichererbsen, Gemüse, hartgekochten Eierviertel usw garnieren. Sofort servieren.

2) Reis als «Turm» : Reis in eine Schüssel geben, leicht eindrücken, einen Teller auflegen, umdrehen und vorsichtig die Schüssel entfernen.

3) Reisring : Reis in eine ausgespülte Ringform oder Palestiner Topf (Kaaka) geben, den Reis leicht eindrücken mit einem tiefen Servierteller bedecken, umstürzen und die Form vorsichtig abheben. Fleisch oder Geflügel in die Ringmitte geben, Reis mit der Sosse begiessen oder rund um den Ring verteilen.

Reis mit Lamm — *Rouz bil aallouch*

Reis	**500 g**	**Oel**	**1 Deziliter**
Lammfleisch	**500 g**	**Eier**	**zwei**
Kartoffeln	**250 g**	**Lorbeerblätter**	**zwei**
Frische Piments	**100 g**	**Tomatenmark**	**2 Esslöffel**
Zwiebel	**100 g**	**Harissa**	**1/2 Esslöffel**
Kichererbsen	**50 g**	**Pfeffer**	**nach Geschmack**
Smen oder Butter	**30 g**	**Salz**	**nach Geschmack**

Die Kichererbsen verlesen und über Nacht einweichen, Abspülen. Eine Zwiebel schälen und feinhacken. Fleisch in regelmässige Stücke zerteilen mit Salz und Pfeffer einreiben. Oel in einem Topf erhitzen, das Fleisch mit der Zwiebel kurz darin anbraten. Tomatenmark mit etwas Wasser verdünnen, Harissa, Paprikagewürz, Kichererbsen und Lorbeerblätter dazugeben, mit einem Liter Wasser auffüllen. Zum Aufkochen bringen, Flamme kleiner stellen und zugedeckt eine Stunde kochen lassen. Öfter umrühren und das verdampfte Wasser nachfüllen. Die frischen Piments eine viertel Stunde vor Kochende zugeben.

Reis mit einer Kelle messen, verlesen und abwaschen. Die Kartoffeln in Salzwasser garkochen, pellen und in Viertel zerschneiden. Zwei Eier hartkochen und vierteln.

Sobald das Fleisch und die Kichererbsen gar sind, vom Feuer nehmen, die Brühe mit der Kelle messen, die restliche Brühe nicht mitgebrauchen, oder wenn es zuwenig sein sollte, Wasser zugeben, die Flüssigkeit sollte um einundeinhalb Mal mehr sein als der trockene Reis. Die Lorbeerblätter entfernen, die Brühe in einen Topf giessen, Butter zugeben, Gewürze abschmecken, den Reis in die Brühe schütten und 10 bis 12 Minuten aufquellen lassen.

Anrichten : Reis in eine Schüssel oder auf dem Servierteller geben, glattstreichen, das Fleisch darauflegen, mit den Kichererbsen, Piments, Kartoffeln und Eiviertel garnieren.

Reis mit Huhn — *Rouz bid djaj*

Reis mit Kalbfleisch — *Rouz bil ajil*

Reis mit Riesenbarsch — ***Rouz bil mannani***

Reis mit Kalmar — ***Rouz bil kalmar***

Reis mit Klopsen — ***Rouz bil aosbane***

Nach demselben Rezept. Anstelle von Lammfleisch, Kalb, Pute, Kalmar, Tintenfisch oder Kraken, Riesenbarsch oder sonstiger grosser Fisch oder Klopse verwenden. Die verschiedenen Kochzeiten beachten, Huhn, Kalb und Pute sind zart wie das Lammfleisch, die Kalmar, Kraken und Tintenfisch sind zäh, der Riesenbarsch oder ähnlicher Fisch benötigt weniger Kochzeit. Für die Klopse aus Lamminnereien rechnet man 1 und 1/2 bis 2 Stunden Garzeit.

Reis mit Huhn (gedämpft) *Rouz mfawar bid djaj*

Huhn	**ein**	**Oel**	**1 Deziliter**
Reis	**500 g**	**Lorbeerblätter**	**zwei**
Frische Piments	**150 g**	**Tomatenmark***	**2 Esslöffel**
Zwiebel	**100 g**	**Harissa**	**1/2 Esslöffel**
Kichererbsen	**50 g**	**Salz**	**nach Geschamck**
Smen oder Butter	**30 g**	**Pfeffer**	**nach Geschmack**

Kichererbsen verlesen und über Nacht einweichen. Abspülen. Eine Zwiebel schälen und feinschneiden. Ein junges Huhn rupfen, säubern und ausnehmen. Sorgfältig abwaschen und in regelmässige Stücke zerteilen. Mit Salz und Pfeffer würzen. Die Innereien für ein anderes Gericht wie Aijja, Chackchouka usw verwenden.

Oel in einem Kuskustopf erhitzen, die Huhnteile mit der Zwiebel kurz darin anbräunen. Tomatenmark mit einem Glas Wasser verdünnen Harissa, Paprikagewürz und Lorbeerblätter dazugeben, vermengen und einen Moment ziehen lassen. Mit ein Liter Wasser auffüllen. Zum Aufkochen bringen.

Den Reis verlesen, abwaschen, im Sieb abtropfen lassen, in den oberen Kuskustopf geben, auf den unteren Teil setzen, die Mitte mit einem feuchten Tuch umwickeln, Flamme kleiner stellen. Wenn der Dampf aufsteigt und die Reiskörner erreicht, 15 bis 20 Minuten garziehen. Den Kiskas (Sieb) abnehmen, auf eine Platte geben mit etwas Wasser bespritzen mit einem Löffel oder der Gabel die Reiskörner trennen. Wieder auf den Kuskustof setzen und nochmals für die gleiche Zeitspanne garen. Wenn der Reis gar ist, etwas lockern, die Butter untermischen und beiseite stellen. Sobald die Sosse konsistant wird, prüfen ob das Huhn und die Kichererbsen gar sind, eine Prise Pfeffer untermischen und mit Salz abschmecken.

Anrichten : Reis nach Belieben als Ring, Turm oder nach Grossmutterart anrichten und heiss servieren.

Kichererbsen und Piments sind facultativ.

Gedämpfter Reis mit Lammfleisch — *Rouz mfawar bil aalouch*

Gedämpfter Reis mit Kalbfleisch — *Rouz mfawar bil ajil*

Gedämpfter Reis mit Klopse — *Rouz mfawar bil aosbane*

Gedämpfter Reis mit Fisch — *Rouz mfawar bil hout*

Gleiches Rezept. Huhn durch Hammel, Lamm oder Kalbfleisch oder aber grosse Fischstücke wie Riesenbarsch, Rotbrassen, Meerengel, Thunfisch usw. ersetzen.

Reis mit Hühnerklein *Rouz bil quwaniz*

Reis	**500 g**	**Oel**	**4 Esslöffel**
Hühnerklein	**500 g**	**Tomatenmark**	**2 Esslöffel**
Gehackte Zwiebel	**eine**	**Harissa**	**1/2 Esslöffel**
Salz und Pfeffer	**nach Geschmack**	**Paprikagewürz**	**1/2 Esslöffel**

Ein Pfund Hühnerklein vom Geflügelhändler. Sorgfältig säubern abwaschen und in kleine Stücke schneiden mit Salz und Pfeffer würzen. Oel in einem Topf erhitzen, die Zwiebel zusammen mit dem Hühnerklein darin andünsten, Tomatenmark, Harissa und Paprikagewürz (oder Safran) zugeben, mit Wasser bedecken und zugedeckt 40 bis 45 Minuten garziehen. Ab und zu umrühren und das verdampfte Wasser nachfüllen.

In der Zwischenzeit Reis in Salzwasser garquellen und unter dem Wasserhahn abschreckn, abtropfen lassen. Einen Reisring daraus formen auf die Servierplatte geben. Sobald das Hühnerklein gar ist vom Feuer nehmen und mit Salz abschmecken. Den Reis mit der Sosse übergiessen und das Hühnerklein in die Ringmitte geben. Heiss auftragen.

Reis nach Djerber Art

Riz a la Mode de Jerba

Reis	**750 g**	**Tomatenmark**	**4 Esslöffel**
Lammfleisch	**750 g**	**Harissa**	**1 Esslöffel**
Oel	**6 Esslöffel**	**Gemahlener Carvi**	**1 Teelöffel**
Petersilie	**1 kleines Bund**	**Gemahlener Pfeffer**	**1 Teelöffel**
Zwiebel	**2 mittelgrosse**	**Salz**	**nach Geschmack**

Den Reis sorgfältig verlesen, in einem Sieb unter fliessendes Wasser schnell abwaschen. Ein Bund Petersilie verlesen, waschen und feinwiegen. Fleisch säubern, ausbeinen und in nussgrosse Stücke zerteilen. Diese Zutaten in eine Schüssel geben, Tomatenmark und Harissa zugeben, Oel hinzufügen, mit Carvi, Pfeffer und Salz würzen. Alles gut vermischen und locker in den Kiskes legen (oberer Couscouskochtopf).

Den unteren Teil des Couscoustopfes bis zu zweidrittel mit Wasser füllen. Wenn das Wasser kocht, den oberen Teil auf den unteren Teil setzen, die Mitte mit einem feuchten Tuch umwickeln. Flamme kleiner stellen, wenn der Dampf den oberen Teil erreicht hat, etwa dreiviertel Stunde garen lassen. Den Reis und das Fleisch ab und zu mit einem Holzlöffel auflockern.

Anrichten : Reis turmartig auf einen Servierteller verteilen und heiss servieren.

Der Couscous (Kuskus)

Kochvorgang des Couscous

Je nach den Rezeptanleitungen, Wasser, Brühe oder Sosse im Kuskustopf aufkochen. Kuskus mit etwas Wasser anfeuchten, in den oberen Kuskustopfteil geben, jedoch die Körner nicht zerdrücken, auf den Kuskustopf setzen, Mitte mit einem feuchten Tuch umwickeln (qufila), Flamme kleiner stellen und wenn der Dampf bis zu dem Kuskus aufsteigt, 20 Minuten dämpfen lassen. Den Kuskus auf eine Platte geben, auflockern und mit Wasser bespritzen, Krummen mit einem Holzlöffel auflösen.

Das Kuskussieb wieder auf den Topf setzen, mit dem Tuch umwickeln und zum zweiten Mal während 20 Minuten dämpfen. Vom Feuer nehmen, auflockern und je nach den Anweisungen des Rezept weiter zubereiten.

Couscous mit Lamm *Kousksi bil aallouch*

Couscous	750 g	Wilde Artischocke (Khorchof)	1 Stange
Lammfleisch	500 g	Zwiebel	eine kleine
Kartoffeln	200 g	Oel	1 Deziliter
Kleine Karotten	200 g	Tomatenmark	2 Esslöffel
Junge weisse Rüben	200 g	Harissa(3)	1 Esslöffel
Kichererbsen	100 g	Paprikagewürz	1/2 Esslöffel
Liya(1)	100 g	Bharat(4)	1/2 Teelöffel
Smen(2)		Salz und Pfeffer	nach Geschamck

Kichererbsen verlesen, waschen und über Nacht einweichen. Abspülen. 750 Gramm Couscous selbstgemacht oder gekauft, mit einem Glas Wasser anfeuchten und in das Kouskussieb geben.

Die Karotten abschaben und halbieren. Die weissen Rüben schälen und vierteln. Eine Stange wilde Artischocke (Khorchof) schälen, Strähnen abschneiden, gründlich abwaschen und in Stäbchen schneiden. Eine Zwiebel schälen und feinwiegen. Die Kartoffeln waschen, nicht schälen. Das Liya (Schanzfett) in Scheiben oder Würfel zerteilen. Ein Pfund Lamm- oder Hammelfleisch in vier oder fünf gleichgrosse Stücke schneiden, mit Salz und Pfeffer würzen, ebenfalls die Fettscheiben würzen.

(1) Liya (Schwanzfett des Berberschafes).
(2) oder frische Butter.
(3) nach Belieben mehr oder weniger verwenden oder weglassen.
(4) Bharat oder eine Prise Pfeffer.

Oel in einem Kuskustopf erhitzen, Fleisch mit der Liya und der geschnittenen Zwiebel kurz darin andünsten. Tomatenmark in ein Glas Wasser verdünnen, Harissa und Paprikagewürz hinzugeben, vermischen und bei offenem Topf 8 bis 10 Minuten kochen. Dann das Gemüse, ausser den Kartoffeln, die bei halber Kochzeit zugegeben werden, in den Topf geben, mit einundeinhalb Liter Wasser auffüllen, zum Aufkochen bringen. Das Kuskussieb auf den Topf setzen, Mitte mit einem feuchten Tuch umwickeln. Den Couscous zweimal zwanzig Minuten dämpfen wie oben beschrieben. Wenn er gar ist, in eine Suppenschüssel, quassa, Tabsi aus Nabeul geben. Wenn das Fleisch gar ist und die Kichererbsen weich sind, die Sosse mit Salz abschmecken.

Anrichten : Das Fett an der Oberfläche mit einer Schöpfkelle abschöpfen, zusammen mit einer Nuss Butter oder Smen sowie einen halben Teelöffel Bharat verrühren, die Mischung über den Couscous giessen, gut vermischen und egalisieren. Den Couscous mit soviel Brühe übergiessen wie er aufsaugen kann, mit den Kichererbsen, dem Fleisch und Gemüse garnieren. Einen Moment ruhen lassen und zu Tisch bringen.

Abwandlungen für Couscous

Je nach Ihren Vorzügen, nach der Saison und den Marktangeboten, kann der Kuskus unendlich abgewandelt werden. Hier einige Beispiele, allerdings immer die Anleitungen des Grundrezeptes beachten :

1) Anstelle der weissen Rüben und wilden Artischocken, 250 g frische grüne Saubohnen verwenden. Feine und zarte wählen. Abwaschen, an beiden Enden Strunk abschneiden in 2 oder 3 Stücke brechen und nach halber Kochzeit in die Brühe geben.

2) Anstatt Artischocken und weisse Rüben, 5 oder 6 winzige Zwiebeln und einen halben Wirsing gebrauchen. Wirsing abblättern, einzeln waschen und grob zerschneiden. Nach halber Kochzeit den Wirsing und die geschälten Zwiebeln in die Brühe geben.

3) Anstelle von wilden Artischocken und weissen Rüben sowie Kichererbsen reife und grüne Saubohnen, ausgedöpst, verwenden. Mit dem Messer eine Zucchini abschaben, Stiel abtrennen und in Scheiben schneiden. Nach halber Kochzeit zugeben.

4) Wilde Artischocken und weisse Rüben auslassen und an deren Stelle eine Scheibe Kürbis in Würfel geschnitten, ganze Zwiebeln, zwei oder drei süsse Paprikaschoten und einige scharfe, bei halber Kochzeit in den Topf geben.

In der Zwischenzeit, die Rosinen verlesen (möglichst ohne Körner) abwaschen und abtropfen lassen. Die Quitten in Viertel zerteilen, sorgfältig schälen und das Kerngehäuse entfernen. Kuskussieb abheben, Topf auf dem Feuer lassen. Rosinen, Fischstücke und Quitten in die Brühe geben. Den Kuskus mit einem Holzlöffel auflockern, wieder in den Keskes geben, auf den Topf setzen, Mitte verdichten und zum zweiten Mal 20 Minuten dämpfen. Weitere Zubereitung siehe obige Rezepte.

Couscous mit Huhn — *Kousksi bid djaj*

Zubereitung nach dem Grundrezept, anstelle von Lamm, ein junges Huhn in 5 oder 6 Stücke zerteilt gebrauchen. Innereien für ein anderes Gericht verwenden.

Couscous zum «Jahresende»(1) — *Kousksi ras il aam*

Couscous	**750 g**	**Dörrfleisch**	**ca. 1 Kilogramm**
getr. Saubohnen	**500 g**	**Aosbanes**	**1 pro Person**

Oel : ein Deziliter

Die Saubohnen sorgfältig verlesen, waschen nicht enthäuten, 12 Stunden einweichen. Abspülen. Dörrfleisch in regelmässige Stücke schneiden mit den Klopsen gründlich abwaschen und eine oder zwei Stunde weichen lassen. Abwaschen und abtropfen lassen.

Oel in den Kuskustopf erhitzen, die Saubohnen, Dörrfleisch und Klopse hineingeben, mit zwei Liter Wasser auffüllen, aufkochen lassen, das Kuskussieb mit dem Couscous füllen und 2 Mal über Dampf garen. Prüfen ob das Fleisch gar ist und die Saubohnen weich sind und wie die anderen Kuskus servieren.

(1) Rezept aus dem Gouvernorat von Tunis und Umgebung.

Couscous mit Klopsen *Kousksi bil aosbane*

Zubereitung wie das Grundrezept, 4 bis 5 selbstgemachte Klopse verwenden.

Couscous mit gefüllten Kalmar *Kousksi bil kalmar il mihchi*

Kalmar	**vier oder fünf**	**Getr. Minze**	**einige Blätter**
Eier(2)	**zwei**	**Harissa**	**1/2 Esslöffel**
Zwiebel	**100 g**	**Tabil**	**1/2 Esslöffel**
Petersilie	**100 g**	**Pfeffer**	**nach Geschmack**
Reis(1)	**100 g**	**Salz**	**nach Geschmack**

Die Kalmar vorbereiten, siehe Kapitel «Fischgerichte». Die Taschen mit Tabel, Salz und Pfeffer würzen und beiseite stellen.

Die Arme eine gute halbe Stunde in Salzwasser weichkochen, abtropfen lassen und in winzige Würfel schneiden. Reis ebenfalls während 10 Minuten garquellen, abschrecken und abtropfen lassen. Eine Zwiebel schälen und feinhacken. Ein Bund Petersilie verlesen, waschen und feinhacken. Von einigen trockenen Stielen Minze die Blätter abstreifen und zwischen den Handflächen zerreiben. Alle diese Zutaten mit ein oder zwei rohen Eiern und einen halben Esslöffel Harissa vermischen, die Masse mit Salz und Pfeffer abschmecken. Die Kalmar mit der Face füllen die Öffnungen zunähen.

Weitere Zubereitung wie eines der Kuskusrezepte, anstelle des Fleisch, Huhn oder Fisch, die gefüllten Kalmar, mehrmals mit der Nadel einstechen damit sie nicht platzen, verwenden.

Couscous Zum «Jahresende»[1] — *Kousksi ras il aam*

frischer Couscous	750 g	gemahlener Kurkuma	1/2 Teelöffel
Kichererbsen	200 g	schwarzer Pfeffer	1/2 Teelöffel
Zwiebel	100 g	gemahlener Stangezimt	1/2 Teelöffel
Orangenblütenwasser	1/2 Deziliter	Rosinen	eine Handvoll
Oel	1 Deziliter	Zucker	einige Würfel
Dörrfleisch	500 g	Dragees	kleine Handvoll

Kichererbsen verlesen und über Nacht einweichen. Dörrfleisch in regelmässige Stücke schneiden, 2 oder 3 Stunden in Wasser weichen lassen. Sorgfältig abspülen, abtropfen lassen, mit Pfeffer und Kurkuma würzen, mit Orangenwasser beträufeln und beiseite stellen. Eine Zwiebel schälen und feinwiegen.

Oel in einer maqufoul[2] erhitzen, die Zwiebel zwei Minuten darin andünsten, Kichererbsen und Dörrfleisch zugeben mit einundeinhalb Liter Wasser auffüllen, zum Aufkochen bringen. Couscous in das Kuskussieb füllen, Mitte mit einem feuchten Tuch umwickeln und 2 Mal über Dampf garen (wie Couscous mit Lammfleisch). Sobald der Couscous gar ist, auf eine Platte auflockern, Wenn das Fleisch und Kichererbsen gar sind, mit Salz abschmecken, das Fett abschöpfen, mit gemahlenen Zimt vermischen über den Couscous verteilen, vermischen und glattstreichen.

Anrichten : Couscous mit etwas Brühe begiessen, soviel er aufsaugen kann, mit den Kichererbsen, Zuckerwürfel, Dragees und Rosinen garnieren.

(1) Rezept aus dem Gouvernorat von Nabeul und Umgebung.
(2) Kuskustopf aus Kupfer.

Couscous mit Goldbrassen — *Kousksi bil warqua*

Goldbrassen[1]	1 Kilogramm	Quitten	eine grosse
Couscous	750 g	Tomatenmark	1 Esslöffel
Kichererbsen	100 g	Paprikagewürz	1/2 Teelöffel
Smen oder Butter	30 g	Bharat	1/2 Teelöffel
Oel	1 und 1/2 Deziliter	Salz	nach Geschamck
Rosinen	eine Handvoll	Pfeffer	1/2 Teelöffel

Kichererbsen verlesen, abwaschen und 10 bis 12 Stunden einweichen. Die Goldbrassen abschuppen, Flossen mit der Schere abschneiden an der Bauchseite ausnehmen, sorgfältig waschen und halbieren wenn sie gross sind, mit Salz und Pfeffer würzen, beiseite stellen.

Oel in einem maqufoul erhitzen, Tomatenmark mit ein Glas Wasser verdünnen, Kichererbsen und Paprikagewürz hineingeben, vermengen, und eine viertel Stunde ziehen lassen. Mit einundeinhalb Liter Wasser auffüllen, zum Aufkochen bringen. Couscous[1] anfeuchten, in das Kuskussieb füllen, nicht eindrücken, Mitte des Topfes mit einem feuchten Tuch umwickeln und 20 bis 25 Minuten dämpfen.

Couscous nach Bejarer Art

Bourzgane de Béja

Lammfleisch	**1,500g**	**Pinien**	**100g**
feiner Couscous	**750 g**	**Milch**	**einLiter**
Datteln «Digla»	**500 g**	**Zucker**	**2Teelöffel**
geschälte Mandeln	**500 g**	**Pfeffer**	**1/2Esslöffel**
geschälte Walnüsse	**500 g**	**Kurkuma (gemahlenen)**	**1/2 Esslöffel**
Butter	**300g**	**Salz**	**nachGeschmack**

Die Milch abkochen und erkalten lassen.

Den Couscous mit einem Glas Wasser anfeuchten und locker in das Couscoussieb geben.

Die Schulter eines Lämmlein in regelmässige Stücke zerteilen. Mit Kurkuma Salz und Pfeffer würzen. Butter in den unteren Kuskustopfteil erhitzen, die Fleischstücke kräftig einige Minuten darin anbraten, Zucker und Milch zugeben, aufkochen lassen. Das Kuskussieb auf den unteren Topfteil setzen, die Mitte des Topfes verdichten. Den Couscous zweimal dampfen wie der klassische Couscous.

In der Zwischenzeit; die Mandeln abhäuten, im Ofen einige Minuten grillen und kleinhacken. Die Walnüsse schälen, einige für die Verzierung zurckhalten, den Rest sehr fein zerkleinern. Mandeln, Walnüsse und die Pinien vermischen. Die Datteln entsteinen, 20 mit Butter füllen die restlichen in kleine Würfel zerteilen.

Sobald der Couscous gar ist, Butter und die Dattelstücke untermischen mit der Fleischbrühe begiessen und Gewürze abschmecken.

Anrichten : Die Hälfte des Couscous auf einen Servierteller geben, mit der halben Menge Trockenfrüchte bedecken, darauf den restlichen Couscous und die übrigen Trockenfrüchte überstreuen, die Fleischstücke darauf verteilen und mit den gebutterten Datteln und halbierten Walnüssen garnieren. Heiss mit Buttermilch servieren.

Süssspeisen und Backwaren

Süsser Couscous mit Milch — *Kousksi masfouf bil hlib*

feiner Couscous	500 g	Zucker	200 g

frische Milch : ein Liter

Frischen Couscous oder ein Pfund fertigen anfeuchten und zweimal über Dampf (2 Liter Wasser) gardämpfen. In eine Schüssel geben, mit dem Holzlöffel auflockern, die abgekochte Milch übergiessen und heiss oder kalt servieren.

Süssen Couscous mit Sultaninen — *Kousksi masfouf biz zbib*

feiner Couscous	500 g	Sultaninen	150 g
Zucker	200 g	Oel	4 Esslöffel

Datteln «degla» : eine Handvoll

Die Sultaninen waschen und abtrocknen. Die Datteln rapide abwaschen oder nur mit einem Tuch abwischen, entsteinen und der länge nach halbieren. Couscous beim ersten Kochgang über zwei Liter Wasser dämpfen, auf eine Platte geben, auflockern die Krummen lösen und die Rosinen untermischen. Wieder in das Kuskussieb geben und zum zweiten Mal während 20 Minuten dämpfen. Wenn der Couscous gar ist, auf eine Servierplatte geben, auflockern vier oder 5 Esslöffel Oel untermengen, zu einem Turm aufbau en oder flach lassen, mit Zucker bestreuen und den Datteln verzieren. Kalt oder heiss servieren.

Süsser Couscous mit Datteln — *Rfissa bid digla*

Couscous (fein)	**500 g**	**Zucker**	**200 g**
Diglit nour	**200 g**	**Oel**	**4 Esslöffel**

Die Datteln entsteinen und in kleine Würfel schneiden. Couscous zweimal über Dampf garen wie oben beschrieben. Auflockern, mit Oel begiessen die Datteln zugeben und alles gut vermischen. Couscous als Turm oder flach oder direkt auf die Teller verteilen, mit Zucker bestreuen, kalt oder heiss servieren.

Kochgang des Feinen Griessmehl für Masfouf

Traditionnelle Methode : Ein Pfund mittleres Hartweizengriessmehl nehmen und mit zwei oder drei Esslöffel Oel durchkneten. Das Griessmehl in das Kuskussieb geben, nicht eindrücken, auf den Kuskustopfes setzen, der bis zu 3/4 mit Wasser gefüllt ist. Wenn der Dampf bis zu dem Couscous aufsteigt, während 15 Minuten dämpfen. Das Griesmehl auf eine Platte geben, mit Wasser bespritzen und die Krummen mit dem Holzlöffel auflösen, oder durch ein Sieb geben. Wenn noch genügend Wasser im Topf ist, sonst auffüllen, das Sieb mit dem Griessmehl wieder auf den Topf setzen, die Mitte mit einem feuchten Tuch umwickeln und nochmals 10 Minuten dämpfen. Den Vorgang fünf oder vier Mal wiederholen.

Schnelle Methode : Griessmehl zum ersten Mal 15 bis 20 Minuten dämpfen, nicht mehr. Kuskusssieb abheben, den Masfouf in einen tiefen Topf schütten und das restliche kochende Wasser darüber giessen. Abtropfen lassen und auflockern. Nochmals zwei Liter Wasser zum Aufkochen bringen, den Masfouf in das Sieb geben, auf den Topf setzen, Mitte mit einem Tuch abdichten und nur noch während 15 bis 20 Minuten gardämpfen.

Masfouf mit Sultaninen — *Masfouf biz zbib*

feines Griessmehl	**500 g**	**Zucker**	**200 g**
Sultaninen	**200 g**	**Butter**	**60 g**

Oel : 3 oder 4 Esslöffel

Griessmehl nach obigen Rezept garen, durch ein Sieb geben, Butter untermischen und die Rosinen unterheben. Den Masfouf auf eine Platte oder direkt auf die Teller verteilen, mit Zucker bestreuen. Kalt oder heiss servieren.

Masfouf mit Weintrauben — *Masfouf bil anib*

Zubereitung nach demselben Rezept, anstelle der Rosinen, frische Weintrauben, Muskat oder andere Sorte, verwenden.

Masfouf mit Granatäpfel — *Masfouf bir roumman*

Wie das Rezept mit Sultaninen, letztere durch einen grossen Granatapfel ersetzen.

Masfouf mit Datteln *Masfouf bid digla*

GLeiches Rezept. Anstelle der Granatäpfel oder Weintrauben, entsteinte Datteln, in Stücke geschnitten verwenden.

Reis mit Trockenfrüchten *Rfissit rouz*

Reis	**500 g**	**Walnüsse**	**100 g**
Zucker	**400 g**	**Haselnüsse**	**100 g**
Datteln «Digla»	**200 g**	**Smen oder Butter**	**60 g**
Mandeln	**100 g**	**Geraniumwasser**	**3 oder 4 Esslöffel**

Die Mandeln, Walnüsse und Haselnüsse schälen und einige Minuten im heissen Ofen grillen. Können auch auf der Gasflamme gegrillt werden. In ein Tuch wickeln und reiben bis die Haut von selbst abgeht. Grob zerkleinern. Die Datteln entsteinen und in Stücke schneiden. Reis garquellen oder gardämpfen. Den Reis in eine Schüssel geben, die Butter oder Smen, Zucker, Nüsse und Mandeln sowie wie die zerkleinerten Datteln untermischen, mit Rosenwasser beträufeln und zu Tisch geben.

Creme mit Geranium — *Krima bil aatrchiya*

Milch	**1 Liter**	**Stärkemehl**	**4 Esslöffel**
Zucker	**200 g**	**Eigelb**	**vier**

Geraniumwasser : 4 Esslöffel

Milch abkochen und abkühlen lassen. Stärkemehl in die Milch rühren. Eigelb leicht verschlagen. Zucker und Eigelb in die Milch rühren. Auf kleiner Flamme, unter ständigem Rühren, damit die Creme nicht auf dem Topfboden kleben bleibt, garen. Sobald sie aufkocht, Geraniumwasser untermischen, noch einem Moment rühren damit sich keine Haut bildet. Die Creme in Gläser oder Schalen füllen, mit geriebener Schokolade, gegrillten Nüssen usw verzieren.

Schokoladencreme — *Krima bi choklata*

Gleiches Rezept, nur einen vollen Esslöffel geriebene Schokolade in etwas Milch aufgelöst anstelle des Geraniumwasser verwenden.

Vanillecreme — *Krima bil vanilya*

Nach demselben Rezept, ein Päckchen Vanillezucker in etwas abgekochte Milch lösen, verwenden.

Creme (für Füllung) — *Krima il halwani*

Milch	**1 Liter**	**Mehl oder Stärkemehl**	**120 g**
Vanillezucker	**1 Päckchen (10 g)**	**Zucker**	**200 g**
Eigelb	**fünf**	**Salz**	**eine Prise**

Milch mit einem Päckchen Vanillezucker aufkochen. In eine Schüssel Mehl oder Stärkemehl, Zucker, Eigelb und eine Prise Salz verquirlen. Sobald die Masse glatt wird, in einen grösseren Topf schütten, die kochende Milch unterrühren auf schwacher Flamme, unter ständigem Rühren, garen. Sobald sie aufkocht sofort vom Feuer nehmen. Diese etwas konsistante Creme kann entweder für Gebäck oder in Gläser serviert als Nachtisch verwendet werden.

Teigwaren mit Creme gefüllt *Zriga*

Creme	**1 Liter**	**Geschälte Haselnüsse**	**50 g**
Zucker	**100 g**	**Butter**	**50 g**
Digla	**100 g**	**Malsouka**	**1 Dutzend**
Geschälte Mandeln	**100 g**	**Geraniumwasser**	**2 Esslöffel**

Die Mandeln und Haselnüsse im Ofen oder auf der Gasflamme grillen. Grob zerkacken. Die Datteln (digla) entsteinen und in kleine Würfel schneiden. Alle Zutaten mit 50 Gramm Zucker und Geraniumwasser vermischen. Die Malsouqa eine nach der anderen mit zerlassener Butter bestreichen und halbieren. In der Mitte einer jeden Hälfte einen kleinen Löffel Farce legen, in Stäbchen so gross wie der kleine Finger zusammenrollen, im Ofen während 10 Minuten goldgelb überbacken. Eine Creme mit oder ohne Geraniumwasser zubereiten.

Anrichten : Die gefüllten Teigwaren in Gläser verteilen, die Creme darübergiessen und kalt oder heiss servieren.

Creme mit Keksen *Zriguit il biskuit*

Nach demselben Rezept. Die gefüllten Stäbchen durch etwa 20 halbierte Butterkekse ersetzen.

Acida aus Pinienkernen *Acidit iz- zgougou*

Pinienkerne	**1.000 g**	**Geranium Creme**	**1 Liter**
gesiebtes Mehl	**750 g**	**Wasser**	**2 Liter**
Zucker	**500 g**	**Verzierung**	**nach Belieben**

Die Pinienkerne aus Aleppo verlesen und sorgfältig unter fliessendem Wasser abwaschen. Im Mörser zerstossen oder durch den Wolf drehen. Mit zwei Liter Wasser vermischen, durch ein feines Sieb oder Tuch drücken. Alles was im Tuch oder Sieb zurückbleibt nicht mehr gebrauchen. Das Mehl in die aufgefangene Flüssigkeit streuen, gut vermischen, alles nochmals durch ein Sieb geben. Flüssigkeit in einen grossen Topf geben und auf kleiner Flamme unter ständigem Rühren garen. Sobald die Acida dick wird, den Zucker hineinrühren und weiter arbeiten bis die Masse ein dicker glatter Brei geworden ist. In Glasschalen verteilen.

Eine Creme mit Geranium oder die für Füllung zubereiten, über die Acida verteilen. Nach Belieben mit gegrillten Pistazien, Pinien, Haselnüsse abgezogen und zerhackt, Walnüssen in zwei oder vier geteilt, Kakao usw verzieren. Heiss oder kalt servieren.

Acida mit Haselnüssen *Acidit il boufriwa*

Nach demselben Rezept. Anstelle der Pinienkerne gleiche Menge geschälte und abgezogene Haselnüsse, leicht gegrillt verwenden.

Nusscreme

Balwza bil bou-friwa

Milch	**1 Liter**	**Zucker**	**200 g**
Geschälte Haselnüsse	**200 g**	**Stärkemehl**	**4 Esslöffel**

Die Milch abkochen und abkühlen lassen. Die Haselnüsse grillen und zerstossen. Stärkemehl in der Milch auflösen, die Haselnüsse, den Zucker und das Geraniumwasser darin verrühren. Alles durch ein feines Sieb oder Tuch geben.

Die Flüssigkeit in einen Topf giessen, auf schwacher Flamme unter ständigem Umrühren mit dem Holzlöffel garkochen. Sobald die Balwza aufkocht, vom Feuer nehmen in Schalen giessen, mit den geriebenen Mandeln oder Pistazien verzieren. Kalt oder heiss servieren.

Creme mit Trockenfruchte

Balwza bil fakia

Gleiches Rezept. Nur noch 100 g Haselnüsse, 100 Mandeln und 50 g Walnüsse mitverwenden.

(1) Digla, nicht unbedingt zu gebrauchen
(2) und (3) nicht unbedingt erforderlich.

Sorghocreme mit Milch — *Bouza bil fakia*

frische Milch	3/4 Liter	Geschälte Walnüsse	100 g
Sorghomehl	250 g	Sesamkörner	100 g
Zucker	200 g	Haselnüsse	50 g
geschälte Mandeln	100 g	Geraniumwasser	2 Esslöffel

Die Milch aufkochen und erkalten lassen. Die Sesamkörner verlesen, waschen und abtropfen, entweder im Ofen oder Gasflamme grillen und im Mörser zerstossen. Sorghomehl durchsieben. Mit soviel Wasser wie nötig das Mehl zu einer festen Masse verarbeiten. Von der Masse orangengrosse Ballen abtrennen und eine gute Stunde ruhen lassen. Dann die Ballen während 10 Minuten in kochendes Wasser, nicht auf dem Feuer lassen, ziehen lassen. Die Ballen in dreiviertel Liter Wasser auflösen, durch ein Tuch geben und die Flüssigkeit in einem grossen Topf auffangen. Die Trockenfrüchte grillen und zerstossen. In etwas Wasser geben und ebenfalls durch ein feines Tuch geben, die Flüssigkeit in dem gleichen Topf auffangen. Die zwei Esslöffel Geraniumwasser hinzufügen.

Den Topf auf das Feuer setzen, Milch Zucker, gehackte Mandeln und Sesamkörner hineingeben, verrühren und unter ständigem Rühren garen. Wenn die Creme mehr flüssig als dick ist auf Schalen verteilen und heiss oder kalt servieren.

Mandeltaschen *Samsa*

Geschälte Mandeln(1)	500 g	Eiweiss(3)	ein
Puderzucker	150 g	Zuckerlösung(4)	1/2 Liter
Sesamkerne(2)	100 g	Geraniumwasser	2 Esslöffel
Malsouquas	ein Dutzend	Gemahlene Orangenschale(5)	1 Teelöffel

Oel : zum Ausbacken

Mandeln abbrühen, abziehen, abtrocknen, grillen und zerreiben oder im Mörser zerstossen. Sesamkerne verlesen und ebenfalls grillen. Ein halbes Liter Zuckerlösung zubereiten. Den Zucker, Mandelpulver mit der gemahlenen Orangenschale vermischen, mit zwei oder drei Esslöffel Geranium oder Rosenwasser anfeuchten mit ein Eiweiss binden. Beiseite stellen. Frische malsouquas mit Oel oder zerlassener Butter einreiben, damit sie weicher werden und halbieren. Die Hälften nacheinander an den Seiten einschlagen sodass ein Reckteck entsteht, am äussersten Ende einen Teelöffel Mandelmasse legen. Die Fladen diagonal um die Farce wickeln, weiter rollen bis am Ende eine Art dreieckiger Beutel daraus wird, das letzte Stücke Fladen in die letzte Falte schieben. Weiter machen bis alle Zutaten verbraucht sind.

Oel in einem tiefen Topf erhitzen, die Beutel darin golden ausbacken, abtropfen lassen, dann in die Zuckerlösung tauchen und mit den Sesamkernen bestreuen.

(1) Ausser Mandeln können auch andere Trockenfrüchte Ihrer Wahl oder eine Mischung aus Trockenfrüchte und Sesamkerne, alles gegrillt. verwendet werden.

(2)Anstelle der Sesamkerne, gehackte Mandeln oder Haselnüsse gebrauchen.

(3) Nicht unbedingt erforderlich.

(4) Zu gleichen Mengen gleichzeitig Zucker und Honig verwenden.

(5) oder eine Messerspitze gemahlenen Stangenzimt.

Kuchen mit Cremefüllung *Brikit hlib*

Cremefüllung	**3/4 Liter**	**Butter**	**200 g**
Zuckerlösung	**1/2 Liter**	**Malsouqua**	**24**

Pistazien : eine Handvoll

Ein halbes Liter mittelstarke Zuckerlösung herstellen, und 3/4 Liter ziemlich feste Creme zubereiten.

Eine kleine Handvoll Pistazien grillen und zerreiben.

Acht Malsouqua einzeln mit Oel oder zerlassener Butter einreiben in eine gebutterte feuerfeste Form legen, Die Hälfte Creme darüber geben, mit dem Löffel glattstreichen. Nochmals acht eingebutterte Malsouqua auflegen und den Rest der Creme darüber füllen, mit den restlichen acht Malsouqua bedecken, Den Kuchen vorsichtig in Quadrate aufteilen und im Ofen bei schwacher Hitze zwanzig Minuten überbacken. Aus dem Ofen nehmen, die Zuckerlösung darüber geben und mit den geriebenen Pistazien bestreuen, bis zum nächsten Tag ruhen lassen, stürzen und servieren.

Beignets in Sirup *Kaak il yoyo*

gesiebtes Mehl	750 g	Oel	zum Ausbacken
Zucker	150 g	Eier	vier
geschälte Mandeln	150 g	Backpulver	1 Packet
Sirup	1 Liter	Vanillezucker	1 Packet
Milch	1 Deziliter	Natron	eine Prise
Oel für den Teig	1 Deziliter	Salz	eine Prise

Das Mehl, Backpulver, Salz und Natron mit der Vanille und den Zucker vermischen. Die Mischung ringförmig auf ein Blech geben, in der Vertiefung Oel, Milch und die leicht verschlagenen Eier geben. Die Zutaten vermischen, ein halbes Glas Wasser untergeben und solange kneten bis ein geschmeidiger und fester Teig entsteht. Den Teig zu einem Ballen formen, und zugedeckt 20 bis 25 Minuten ruhen lassen.

In der Zwischenzeit eine mittelstarke Zuckerlösung zubereiten, mit oder ohne Aroma, wie Sie es wünschen. Die Mandeln abziehen, einige Minuten grillen und grob zerhacken. Oel in einer tiefen Bratpfanne erhitzen. Küchentisch mit Mehl bestäuben, den Teig auf 1 1/2 Zentimeter Dicke ausrollen, den Teig in Scheiben von 5 bis 6 Zentimeter Durchmesser ausstechen (es geht auch mit einem Glas) in die Mitte mit dem Fingerhut ein Loch ausstechen. Die Beignets im heissen Oel schwimmend von beiden Seiten ausbacken. Herausnehmen und abtropfen lassen. Dann in die Zuckerlösung tauchen und nochmals abtropfen lassen. Die Beignets mit den zerhackten, gehobelten oder geriebenen Mandeln bestreuen.

Beignetstücke mit Sirup *Madmouja*

Feines Griessmehl	**1,000 g**	**Butter**	**125 g**
Datteln	**750 g**	**Zuckerlösung[(2)]**	**1 Liter**
Zucker	**200 g**	**Oel**	**nach Bedarf**
Trockenfrüchte	**150 g**	**Salz**	**1/2 Teelöffel**

Ein Liter Zuckerlösung mit Geranium aromatisiert zubereiten. Die Datteln entsteinen, ein Dutzend der Länge nach halbieren für die Verzierung und den Rest in kleine Würfel schneiden. Die Trockenfrüchte grillen. abziehen und zerhacken.

Einen festen Teig aus 1 Kilogramm feines Hartweizengriessmehl 8 Esslöffel Oel, einen halben Teelöffel Salz und das nötige lauwarme Wasser herstellen. Den Teig 20 Minuten ruhen lassen und nochmals für einige Zeit kräftig durchkneten.

Oel in einer tiefen Bratpfanne erhitzen. Von dem Teig eigrosse Ballen abtrennen, auf der eingeölten Marmorplatte auf einen Millimeter Dicke ausrollen. Die Fladen mit Oel bestreichen, viermal zusammenschlagen, im heissen Oel von beiden Seiten ausbacken. Weiter machen bis der Teig alle ist. Die Beignets in kleine Stücke zerteilen, mit zerlassener Butter, Dattelwürfel und den Sirup gut vermischen.

Anrichten : Die Madmouja zu einem Turm auf den Servierteller aufbauen, oder direkt auf die Teller verteilen, mit Streuzucker und zerkleinerten Trockenfrüchten bestreuen und mit den Datteln verzieren.

Süsse Griessspeise

Mahkouka

Grobes Griessmehl	1 Kilogramm	Oel	1/4 Liter
Datteln	350 g	Sirup	2 Deziliter
Butter oder Smen	100 g	Geraniumwasser	2 Esslöffel
Zucker	100 g	Salz	1/2 Teelöffel

Die Datteln entsteinen, eine Handvoll für die Verzierung zurück behalten, den Rest in Stücke schneiden. Einen Sirup herstellen, siehe Kapitel «Gewürze». Auf einer grossen aber nicht tiefen Metallplatte, das Griessmehl, Oel und einen halben Teelöffel Salz vermischen und glattstreichen. Die Masse in gleichmässige Vierecke aufteilen, im Ofen während 25 bis 30 Minuten überbacken. Wenn das Griessmehl gold braun geworden ist, aus dem Ofen nehmen. Das Griessmehl im Mörser zerstossen und durchsieben. Dann mit dem Zuckersirup begiessen, Butter oder Smen bestreichen, die Datteln hinzugeben, mit Geraniumwasser parfumieren und alles zusammen gut vermischen.

Anrichten : Die Mahkouka turmatig auf die Dessertteller verteilen, mit Zucker überstreuen und mit den halbierten Datteln verzieren.

Beignetröllchen in Sirup *Ftayar dibla*

gesiebtes Mehl	**1,000 Kg**	**Eier**	**vier**
Sesamkörner[1]	**100 g**	**Oel**	**zum Ausbacken und Teig**
Zuckerlösung[2]	**ein Liter**	**Salz**	**1 gestr. Teelöffel**

Mehl auf ein Blech sieben, in der Mitte eine Vertiefung machen, darin Salz, Eier und 6 Esslöffel Oel geben, alle Zutaten mit den Fingerspitzen vermischen. Nach und nach lauwarmes Wasser zugeben bis ein glatter und geschmeidiger Teig entsteht. 25 bis 30 Minuten ruhen lassen und mit einem Tuch bedecken.

In der Zwischenzeit eine mittelstarke Zuckerlösung zubereiten, Siehe Kapitel «Gewürze». Die Sesamkerne sorgfältig verlesen und zwei oder drei Minuten im Ofen oder auf der Gasflamme grillen. Oel in einer tiefen Pfanne erhitzen. Eine Marmorplatte oder den Küchentisch mit Mehl bestäuben.

Von dem Teig orangengrosse Ballen abtrennen und auf zwei Millimeter Dicke ausrollen. Von dem Teig 20 bis 25 Zentimeter lange und 4 bis 5 Zentimeter breite Streifen abradeln. Die Streifen einen nach dem anderen um den Finger aufrollen und im heissen Oel ausbacken. Wenn sie goldbraun geworden sind mit der Schaumkelle herausnehmen und abtropfen lassen. Weiter arbeiten bis der Teig aufgebraucht ist.

Die Beignets nacheinander in die Zuckerlösung tauchen und mit den Sesamkernen bestreuen.

(1) oder gegrillte und zerhackte Trockenfrüchte gebrauchen.
(2) mehr oder weniger stark, nach Geschmack.

Maqouroudh mit Datteln

Maqouroudh

Griessmehl[1]	1,500 g
Datteln (alig)[2]	750 g
Zuckerlösung	3/4 Liter
Honig	1/2 Liter
Oel	für den Teig und Ausbacken
Gemahlenen Zimt	1/2 Teelöffel
Salz	1 Teelöffel
Gemahlenen Orangenschale	1/2 Esslöffel
Safran oder Kurkuma	eine Prise
Natron	eine Prise

Griessmehl mit Salz, Natron und Safran auf den Tisch geben eine Vertiefung in die Mitte machen, darin zwei Deziliter Oel (lauwarm) und schnellmit den nötigen lauwarmen Wasser zu einem geschmeidigen und festen Teig verarbeiten. Den Teig 25 bis 30 Minuten ruhen lassen. In der Zwischenzeit :

Die Datteln entsteinen, mit den Händen (oder durch den Wolf drehen) zu einer Masse verarbeiten. Dann ein Deziliter Oel, Zimt und gemahlene Orangenschale untergeben und alles gut vermischen bis eine glatte Masse entsteht. Die Dattelpaste in grosse Stücke zerteilen, die Stücke ausrollen bis fingerdicke Stäbchen daraus geworden sind. Beiseite stellen.

3/4 Liter Zuckerlösung herstellen und das viertel Liter Honig darin auflösen.

Von dem Teig orangengrosse Ballen abtrennen, mit dem Nudelholz auf 8 bis 10 Zentimeter grosse und ein Zentimeter dicke Rechtecke ausrollen. Inmitten des Recktecks einen Dattelstab legen, Teig darüber schlagen sodass eine dicke Rolle entsteht, mit einem für diesen Zweck bestimmten gemusterten Holzbrett auf ein Zentimeter flachdrücken, an beiden Seiten die überstehenden Ende mit einem scharfen Messer abtrennen. Nach dem Muster die Maqouroudh abschneiden. Auf ein eingeöltes Blech legen und weiter machen bis alle Zutaten aufgebraucht sind.

Oel in einer Bratpfanne erhitzen, die Maqouroudh von beiden Seiten darin ausbacken, abtropfen lassen und in den Sirup tauchen.

Butterkekskuchen

Khobzit biskwit

Butterkekse	**80 Stück**	**geschälte Haselnüsse**	**100 g**
starker Kaffee	**1/2 Liter**	**geschälte Mandeln**	**100 g**
Butter	**200 g**	**Geschälte Pistazien**	**50 g**
Zucker	**200 g**	**Pinien**	**50 g**

Die Mandeln abbrühen, abziehen, abtrockenen und zusammen mit den Haselnüssen und Pistazien einige Minuten im Ofen grillen. Eine halbes Liter schwarzen starken Kaffee zubereiten und abkühlen lassen. Butter und Zucker zu einer glatten Masse verarbeiten.

Ein Ofenblech mit Butter einfetten. 16 Kekse nehmen schnell in den Kaffee tauchen, auf dem Blech aufreihen sodass ein Quadrat entsteht. Mit einer feinen Schicht Butter bestreichen, mit den geriebenen Trockenfrüchten bestreuen und einen Teelöffel Pinien übergeben. Zweite Schicht Kekse auf die erste legen und weiter machen bis alle Zutaten aufgebraucht sind. Den Kuchen, nach Belieben mit geriebenen Haselnüssen Pistazien, Walnüssen, Kakao usw verzieren. Im Kühlschrank fest werden lassen.

Baqulawa mit Mandeln — *Baqlawit qualb louz*

feines Griessmehl	1,000 g	Stärkemehl	200 g
Mehl	1,000 g	Eier	vier
geschälte Mandeln	1,000 g	Zuckerlösung	1 Liter
Zucker	750 g	Oel	1/2 Liter
Butter oder Smen	250 g	Salz	1/2 Teelöffel

Das Griessmehl und Mehl durchsieben, vermischen auf den Tisch geben, in der Mitte eine Vertiefung machen, darin Salz in etwas Wasser aufgelöst, Eier und ein Deziliter Oel geben, alle Zutaten mit dem nötigen lauwarmen Wasser zu einem geschmeidigen und doch festen Teig verarbeiten. Teig mit einem Tuch bedecken und während 30 bis 40 Minuten ruhen lassen.

In der Zwischenzeit, die Mandeln abbrühen, abziehen, abtrocknen oder trocknen lassen und feinreiben. Mandeln und Zucker vermischen, beiseite stellen. Eine runde feuerfeste Form (Stiniya) mit Oel oder Butter einfetten. Butter in Oel zerlassen und auf kleiner Flamme warmhalten.

Den Teig nochmals einen guten Moment durcharbeiten, in 24 gleichmässige Ballen aufteilen. Ein Backbrett mit Stärkemehl bestäuben. Einen Ballen nehmen, mit der Hand flach drücken bis eine Scheibe so gross wie ein Tabounabrot daraus wird. Auf ein Nudelholz (aoud ir richta) rollen, dann auf den Tisch ausrollen. Den Teig nochmals mit Stärkemehl bestäuben, wieder um das Nudelholz rollen und auf den Tisch weiter ausrollen. Vorgang solange wiederholen bis ein blattdünner Fladen, etwas grösser als die Siniya daraus wird. Den Fladen vorsichtig auf den Boden der Form ausbreiten. Reichlich mit zerlassener Butter und Oel vermischt bepinseln. Noch weitere Fladen (etwa ein Dutzend) auf gleiche Weise ausrollen auf den ersten legen, mit der Mischung aus Mandeln und Zucker bestreuen mit der gleichen Menge Fladen bedecken. Den Kuchen mit einem sehr scharfen Messer in drei Zentimeter Abständen parallell durchschneiden und von der anderen Seite ebenso durchschneiden, sodass regelmässige Rautenstücke entstehen. Im Ofen überbacken.

In der Zwischenzeit ein Liter Zuckerlösung mit mindestens 4 Esslöffel Orangenblütenwasser zubereiten. Wenn der Kuchen gar ist, die Stücke vorsichtig vom Blech lösen, ohne sie jedoch zu verrücken, mit dem Sirup übergiessen und bis zum nächsten Tag durchziehen lassen. Die Baqulawa vorsichtig ablösen, in eine Metalldose durch Papier getrennt, aufbewahren.

Baqulawa mit Haselnüssen — *Baqulawit il bou friwa*

Baqulawa mit Pinien — *Baqulawit il bondoq*

Baqulawa mit Pistazien — *Baqulawit il fozdoq*

Nach demselben Rezept. Anstelle der Mandeln, Haselnüsse Pistazien oder Pinien oder eine Mischung aus halb Mandeln und eine der Trockenfrüchte gebrauchen.

Kaaks mit Mandelfüllung *Quaak il warqua*

gesiebtes Mehl	**2,000 g**	**Butter**	**750 g**
geschälte Mandeln	**1,000 g**	**Rosenwasser**	**1 Deziliter**
Kristallzucker	**750 g**	**Salz**	**1/2 Teelöffel**

Die Mandeln abbrühen, abziehen, abtrocknen oder trocknen lassen und zusammen mit dem Zucker im Mörser zerstossen. Die Mischung dann mit Rosenwasser kneten bis eine geschmeidige und glatte Masse daraus geworden ist. In eigrosse Stücke aufteilen, zwischen den Handfläche auf Bleistiftgrösse rollen, beiseite lassen.

Das Mehl auf ein Blech sieben, eine Vertiefung in die Mitte formen, darin Salz und zerlassene Butter geben, mit den Fingern verrühren und unter Zugabe von lauwarmen Wasser solange kneten bis ein fester und doch geschmeidiger Teig entsteht. 20 Minuten ruhen lassen.

Wasser in einem grossen Topf aufkochen. Den Teig in 5 oder 6 Ballen aufteilen. Einen Ballen nach dem anderen für 2 bis 3 Sekunden in das kochende Wasser tauchen, herausnehmen und auf den Tisch nochmals feste durchkneten. Nochmals in das kochende Wasser geben und kräftig durcharbeiten. Den Vorgang vier oder fünf Mal wiederholen bis der Teig elastisch wird.

Die Ballen auf die eingeölte Tischfläche geben, mit dem Nudelholz auf ein Millimeter Dicke ausrollen.

Den Teig in Streifen von 15 Zentimeter Länge und 6 Zentimeter Breite aufteilen. Am Ende des Streifens eine Rolle Mandelpaste legen, aufrollen, die Enden zusammen rollen sodass ein Ring entsteht. Teig und Paste weiter so bearbeiten bis alles aufgebraucht ist. Die Kaaks auf ein geöltes Ofenblech legen und bei schwacher Hitze während 15 bis 20 Minuten im Ofen überbacken. Die Kaaks in eine Plastikdose, durch Pergamentpapier getrennt, aufreihen und aufbewahren.

Süsses mit Mandeln *Baqulawit il bay*

Puderzucker	**1,750 g**	**Eier**	**Neun**
geschälte Mandeln	**1,500 g**	**Farbstoff grün**	**eine Prise**
Zuckerlösung	**3/4 Liter**	**Farbstoff rot**	**eine Prise**

Rosenwasser : 3 Esslöffel oder vier

3/4 Liter Zuckerlösung zubereiten. Beiseite stellen.

Mandeln abbrühen, abziehen, reiben sieben und in drei Teile teilen. Eine Mandelmasse mit zwei rohen Eiern, ein Esslöffel Rosenwasser und 500 g Zucker vermischen. Die Masse sollte weich und geschmeidig sein, beiseite stellen. Die zweite Menge genauso zubereiten und den grünen Farbstoff untermischen. Die dritte Menge auf gleiche Weise zubereiten mit dem roten Farbstoff vermischen. Auf einer geölten Platte die weisse Masse auf ein Zentimeter Dicke ausrollen, die rote Masse auf gleiche Höhe ausrollen und auf die weisse Masse legen. Gleichen Vorgang für die dritte Masse. Die Mandelmasse in Rauten aufteilen, wie der Baqulawa, in die Zuckerlösung tauchen, dann in den restlichen Puderzucker tauchen und bis zum nächsten Tage trocknen lassen.

Griessplätzchen *Ghraiba Smid*

überliefertes Rezept

Feines Griessmehl	**1,500 g**	**Zucker**	**500 g**

Butter oder Smen : 500 g

Das Griessmehl durchsieben und dann in kleinen Mengen im Mörser zerstossen. Zucker und Butter schaumigrühren, Das Griessmehl nach und nach unter die Schaummasse heben und bearbeiten bis ein geschmeidiger Teig entsteht.

Eigrosse Ballen von der Masse abtrennen, in Kegel formen, auf ein mit Mehl bestäubtes oder geöltes Ofenblech legen und bei schwacher Hitze im Ofen während 20 bis 25 Minuten backen.

Mehlplätzchen *Graiba farina*

Nach demselben Rezept. Anstelle des Griessmehl, gleiche Menge Mehl verwenden.

Plätzchen aus Kichererbsenmehl *Quaab ghezal bil homs*

Kichererbsenmehl	**1,500 g**	**gesiebtes Mehl**	**500 g**
Butter	**750 g**	**Zucker**	**600 g**

Kichererbsenmehl mit Zucker und Mehl vermischen. Auf den Tisch geben, in der Mitte eine Vertiefung machen, darin eine Prise Salz und zerlassene Butter geben und alle Zutaten zu einem Teig verarbeiten.

Von dem Teig eigrosse Ballen abtrennen auf der geölten Tischfläche rollen bis ein Stab von etwa 1 Zentimeter Dicke entstanden ist. Von den Rollen, Stücke in Fingergrösse schräg abschneiden auf ein geöltes Ofenblech aufreihen. Weiter arbeiten bis der Teig verbraucht ist.

Im schwach gehitzten Ofen 15 bis 20 Minuten mehr trocknen als backen. Abkühlen lassen, die Plätzchen vorsichtig ablösen und in eine Metalldose aufbewahren.

Sorghoplätzchen *Quaab ghezal bi droo*

Sorghomehl	**1,500 g**	**Zucker**	**750 g**
Mehl	**500 g**	**Butter**	**750 g**

Oel : ein viertel Liter

Sorghomehl und Mehl durchsieben, mit Zucker und einer Prise Salz vermischen, auf den Tisch geben, in der Mitte eine Vertiefung machen darin das Oel und die zerlassene Butter geben und gut durchkneten. Weiter zubereiten wie vorheriges Rezept.

Mandeltörtchen *Twagin qualb louz*

Mandeln	1,000 g	Oel	4 Esslöffel
gesiebtes Mehl	500 g	Rosenwasser	4 Esslöffel
Würfelzucker	400 g	Salz	2 gestr. Teelöffel
Zucker	250 g	Eier	zehn
Stärkemehl	100 g	Zuckerlösung	1/2 Liter

Mehl auf den Tisch sieben, eine Vertiefung machen darin Salz, zwei Eier und Oel geben. Alle Zutaten mit den Händen vermischen mit lauwarmen Wasser zu einem glatten Teig verarbeiten. Teig eine halbe Stunde ruhen lassen. Nochmals durcharbeiten. In der Zwischenzeit :

Mandeln abziehen, einige Minuten im Ofen trocknen lassen und zusammen mit dem Würfelzucker, in kleinen Mengen, im Mörser zerstossen. Nach und nach sechs Eier unterheben, mit Rosenwasser vermengen, dabei ununterbrochen mit dem Stampfer im Mörser rühren bis sich eine feste und glatte Masse ergibt.

Ein halbes Liter Zuckerlösung zubereiten.

Einen Arbeitstisch mit Stärkemehl bestäuben, den Teig in drei oder vier Ballen aufteilen. Einen Ballen nehmen und auf ein Millimeter Dicke flach rollen, den Fladen mehrmals mit Stärkemehl bestreuen und Ringe von 5 bis 6 Zentimeter Durchmesser ausstechen. Auf jeden Ring einen nussgrossen Ballen Marzipan legen, mit den Fingern flach drücken, die Ränder hochziehen und etwas eindrücken. Auf ein bemehltes Blech legen und weiter arbeiten bis alle Zutaten aufgebraucht sind.

Im Ofen 12 bis 15 Minuten backen, herausnehmen, in die Zuckerlösung tauchen, dann in Puderzucker wälzen und bis zum nächsten Tag trocknen lassen. Die Plätzchen etwas schütteln, damit der überfüssige Puderzucker abfällt, in einem Pappkarton aufbewahren.

Nusstörtchen *Twagin bou friwa*

Pinientörtchen *Twagin bondoq*

Pistazientörtchen *Twagin fozdoq*

Nach demselben Rezept wie die Mandeltörtchen. Letzte durch gleiche Menge Haselnüsse, Pinien oder Pistazien oder je zur Hälfte Mandeln und eine der aufgezählten Trockenfrüchte verwenden.

Gefüllte Datteln *Tmar mihchi*

Datteln «Degla»	**300 g**	**Zucker (fein)**	**150 g**
geschälte Mandeln	**250 g**	**Zuckerlösung**	**1/2 Liter**
Streuzucker	**200 g**	**Rosenwasser**	**2 Esslöffel**

Grüner Farbstoff : eine Prise

Eine starke Zuckerlösung zubereiten. Beiseite stellen.

Mandeln abbrühen, abziehen, abtrocknen, reiben durchsieben und in eine Schüssel geben. Zucker und Farbstoff hinzugeben, Rosenwasser untermischen und zu einer glatten Masse verarbeiten. Die Datteln an der Seite aufschneiden, Kern herausnehmen und mit der Füllung, zweimal soviel wie der Kern, farcieren. Die Datteln in die Zuckerlösung tauchen, abtropfen lassen, dann in den Streuzucker wälzen und bis zum nächsten Tag trocknen lassen. In Oblaten legen. Die Datteln halten sich nicht sehr lange.

Süsses mit Pinien *Jwarich il bondoq*

Pinien	**1,000 g**	**Puderzucker**	**nach Bedarf**

Zuckerlösung : Einundeinahalb Liter

Eine Zuckerlösung, ohne Zitronensaft zubereiten. Beiseite stellen. Die Pinien verlesen, waschen und rapide grillen.

Puderzucker auf den Arbeitstisch bis zu 3 Zentimeter Höhe sieben. Mit einem Glas, Ringe von 5 bis 6 Zentimeter Durchmesser abzeichnen. Die Pinien unter die Zuckerlösung mischen. Eine Schöpfkelle voll von dieser Mischung auf die Puderzuckerringe geben und trocknen lassen. Zuckerlösung auf schacher Hitze erwärmen, etwas Wasser zugeben. Nochmals eine Schicht Puderzucker übersieben dann die Zuckerlösung übergeben und so weiter machen bis alle Zutaten verbraucht sind. Die Jwarichs nach dem Trocknen, etwas schütteln damit der überflüssige Puderzucker abfällt und in Dosen, an einem trocknen Ort aufbewahren.

Süsses mit Mandeln *Jwarich il-louz*

Süsses mit Haselnüssen *Jwarich il bou friwa*

Süsses mit Pistazien Jwarich il fozdoq

Nach demselben Rezept wie die Pinien, letztere durch Mandeln, Haselnüsse oder abgezogene Pistazien grob gehackt, ersetzen.

Mandelbällchen *Kaabar qualb illouz*

geschälte Mandeln	1,000 g	Rosenwasser	1 Deziliter
Tuder-Zucker	400 g	Grüner Farbstoff	eine Prise
Streuzucker	250 g	roter Farbstoff	eine Prise

Zuckerlösung : ein halbes Liter

Ein halbes Liter Zuckerlösung zubereiten.

Mandeln abbrühen, abziehen und im Ofen oder der Sonne trocknen lassen. Fein zerreiben, durchsieben und mit dem feinen Zucker vermischen. Die Mischung in drei gleiche Teile aufteilen. Den ersten Teil mit ein drittel Rosenwasser vermischen. Den zweiten Teil mit dem grünen Farbstoff, und den dritten Teil mit dem roten Farbstoff und das restliche Rosenwasser vermischen. Die drei Massen zusammen verkneten und von der Masse kleine Bällchen formen. Die Bällchen eine oder zwei Stunden trocknen lassen. Dann in Streuzucker wälzen und bis zum nächsten Tag ruhen lassen. In Pappkartondosen durch Papier getrennt aufbewahren.

Mandelbällchen mit Pinien *Kaabar il bondoq*

Eine Marzipanmasse nach demselben Rezept ohne Farbstoff zubereiten. In Pinien wälzen und in eine Zuckerlösung tauchen, auf gleiche Weise aufbewahren.

Mandelbällchen mit Pistazien *Kaabar il fozdoq*

Zubereitung wie vorheriges Rezept. Die Pinien durch abgezogene, leicht gegrillte und geriebene Pistazien ersetzen.

REGISTER

A

B

C

D

E

F

G

H

I

K

L

M

Maaquouda mit Kartoffeln 86

Makkaroni mit Riesenbarsch 162

N

O

P

R

S

T

U V

W Z

Achevé d'imprimer
en 6000 exemplaires
sur les presses de l'imprimerie Tunis Carthage
Août 1992
dépôt légal n°
3e Trimestre 1992